AF476448

NOUVEAU
SYSTÈME DE FINANCE
ET
PROJET DE LIQUIDATION GÉNÉRALE
FONDÉS
SUR LA CHARTE.

Cet ouvrage se trouve aussi :

Chez Mme LADVOCAT, libraire, galerie de Bois, n° 197, au Palais-Royal ;

ET CHEZ LES MARCHANDS DE NOUVEAUTÉS.

DE L'IMPRIMERIE DE PILLET.

NOUVEAU SYSTÈME DE FINANCE

ET

PROJET DE LIQUIDATION GÉNÉRALE

FONDÉS

SUR LA CHARTE

MONTRANT LA NÉCESSITÉ ET INDIQUANT LES MOYENS
D'INDEMNISER LES HABITANS DES CAMPAGNES ET DES VILLES
DES PERTES ÉPROUVÉES EN 1814 ET 1815,

ET DE RENDRE
AUX CRÉANCIERS DE L'ARRIÉRÉ ET DE L'EMPRUNT DE 100 MILLIONS
LES 40 POUR 100 QUE LEUR FAIT PERDRE
LA LOI DU BUDGET DE 1816.

PAR M. GABIOU,

ANCIEN NOTAIRE A PARIS, DE LA SOCIÉTÉ ROYALE D'AGRICULTURE.

. . . . Le père fut sage
De leur montrer avant sa mort
Que le travail est un trésor.

LA FONTAINE.

A PARIS,
CHEZ PILLET, IMPRIMEUR-LIBRAIRE,
ÉDITEUR DE LA COLLECTION DES MŒURS FRANÇAISES,
RUE CHRISTINE, N° 5.

1816.

AVERTISSEMENT.

Cet ouvrage, sous presse depuis le commencement du mois, était fait, en très-grande partie, avant l'ordonnance du Roi qui a dissous la dernière Chambre.

Je me féliciterais bien, si ce que j'ai laissé percer de mes idées avait donné celle de rendre aux créanciers de l'arriéré la justice que leur a refusée cette Chambre, et cette autre idée (qu'on peut, en quelque sorte, regarder comme nouvelle en France), que *l'impôt doit être fixé dans une proportion compatible avec les facultés des contribuables* (1).

(1) Rapport du Ministre des finances.

L'adoption de ces deux idées est d'un augure favorable pour mes principes. Le Gouvernement ne peut se dispenser de considérer que l'obligation de subordonner les impôts aux facultés des peuples amène celle d'entrer dans la connaissance de leurs facultés, et de ne pas leur demander annuellement à-peu-près tout leur revenu ; et que, quant à la justice rendue aux créanciers de l'Etat, comme elle provient de la nécessité, sentie par le Gouvernement, vraiment constitutionnel aujourd'hui, d'être juste envers toutes les classes de la société, elle entraîne nécessairement après elle la justice qu'attendent, depuis long-tems, les habitans des campagnes.

Novembre 1816.

PRÉFACE.

FRAPPE, MAIS ÉCOUTE, disait Thémistocle à Eurybiade: sous un gouvernement constitutionnel où la liberté de penser et d'écrire n'est pas étouffée, tout citoyen peut dire à un ministre, *Ecoutez, ou je frappe;* car il peut frapper avec l'arme de la raison.

La raison est l'arme la plus puissante, et tout à-la-fois la plus douce : elle tue, mais elle ne tue que l'erreur. Par les débats qu'elle vide, elle prévient des démêlés qui tourneraient en combats réels.

Que l'homme renonce à la raison, la société n'est plus, pour lui, qu'une arène où il faut qu'il égorge, et soit égorgé à son tour.

Les nations ne périssent, les gouvernemens ne passent, que pour s'être obstinés à repousser la raison.

C'est plus encore pour l'avoir outragée, que pour avoir été un usurpateur, que Buonaparte a succombé. Si les Français avaient secondé la raison, quand elle a voulu dissiper de barbares et gothiques erreurs, la révolution eût été prévenue.

Témoignages trop certains que les hommes ne savent guère ce que c'est que la raison. Ils ignorent qu'elle est une; ils prennent des raisonnemens pour la raison, comme on prend l'apparence pour la réalité, l'ombre pour l'objet.

Qu'est-ce donc que la raison, et où la trouver? Dans la nature même des choses: cherchez-la de bonne foi et sans passions, vous la trouverez, vous la reconnaîtrez aisément; elle est simple, elle est toujours conséquente avec elle-même, c'est là son attribut exclusif.

Tout ce qui est inconséquent, tout ce qui implique est donc déraisonnable.

Ce qui est déraisonnable ne peut durer, car on ne violente pas impunément la nature des choses.

Les peuples ne seront heureux, les princes n'auront trouvé la vraie gloire, que quand cette vérité aura été sentie, et que les gouvernemens institués pour calmer les passions par la force de la raison, feront de ses principes une constante application. Ce fut tout le secret de Trajan, qui voulut appartenir aux Romains, et non pas que les Romains lui appartinssent; qui voulut que tous les actes de son gouvernement n'eussent pour règle que la justice, et pour but que leur bonheur.

Le Roi ne veut pas avoir d'autres secrets : la preuve en est dans le don qu'il nous a fait de la Charte, véritable triomphe de la raison, engagement impérissable de ne plus gouverner les peuples que dans leur intérêt.

« Je vous donne cette épée, pour me » défendre si je gouverne suivant les lois, » disait Trajan au préfet du Prétoire, en » lui confiant le soin de sa garde. »

« Français, je vous donne la Charte, » pour me défendre, par l'arme de la

» raison, contre les erreurs et les séduc-
» tions qui assiégent la royauté ; car je ne
» veux gouverner que par la raison, que
» dans votre intérêt, auquel, désormais,
» tout doit se rapporter, suivant la Char-
» te. » N'est-ce pas là ce que le Roi a dit à ses peuples, en la leur donnant ?

Il est hors de doute que les auteurs des différens projets de finance qui ont été publiés dans ces derniers tems, ont prétendu, en appelant l'attention publique sur leur ouvrage, frapper avec l'arme de la raison ; mais, se sont-ils vraiment servis de cette arme ? Nous affirmons le contraire : nous affirmons qu'ils ont confondu le raisonnement avec la raison ; que les auteurs du budget de 1816 sont également tombés dans l'erreur.

Cette erreur, qui leur est commune, provient de ce qu'ils sont partis de fausses idées qu'ils ont regardées comme des principes avérés ; de ce qu'ils n'ont pas consulté la nature des choses ; de ce qu'ils ne se sont pas rattachés à la Charte.

On peut dire à ceux qui imaginent des plans de finance : « N'établissez pas d'a-» vance votre résultat, pour l'avoir con-» forme à des intérêts particuliers, mais » partez d'un principe incontestable, du » premier de tous, de l'*intérêt des peuples*, » et allez pas à pas de conséquence en con-» séquence ; soyez sûrs que vous arriverez » alors à un résultat qui sera heureux. »

On peut dire à ceux qui ont l'autorité en main : « Vous êtes embarrassés pour » votre plan de finance ; ne vous en in-» quiétez pas : faites marcher la Charte, » exécutez-la en son entier, ne faites que » ce qu'elle permet, donnez des garanties » qu'il en sera toujours de même ; et votre » plan de finance sera facile à faire, et les » résultats en seront heureux ; ne voyez-» vous pas que votre dernier plan de fi-» nances n'a si mal tourné que parce qu'il » viole la Charte ? »

Ainsi, je m'étais proposé de faire un plan de finances, et je me trouve engagé dans des questions politiques ; j'ai à prouver qu'il faut exécuter la Charte, et tenir aux principes qu'elle proclame, sans jamais en dévier.

On pourrait, dans l'état actuel des affaires, réduire tout le talent du ministre des finances à savoir entendre et exécuter la Charte, comme le prince des orateurs réduisait à l'action tout l'art oratoire.

Je n'ai pas tardé non plus à reconnaître que la plupart des idées admises jusqu'à ce jour en finances sont fausses, et qu'il me fallait aussi les combattre et les détruire.

Mais quelle tâche difficile et dangereuse!

Et pourtant il faut la remplir; car si le mal, dont nos finances sont travaillées, a toujours empiré, parce qu'on a toujours suivi le même régime, il faut bien en adopter un nouveau, à moins qu'on ne veuille se perdre sans ressources.

Les sciences naturelles ne sont sorties de la léthargie où les avait plongées la philosophie de l'école, et n'ont commencé à faire des progrès, que quand Descartes a eu douté, que quand l'examen lui a eu fait reconnaître qu'une infinité de choses, regardées jusque-là comme des vérités inattaquables, n'étaient que des erreurs.

Il en sera de même de la partie des sciences morales qu'on appelle finances publiques. Elle ne fera de progrès que lorsque l'on aura douté et porté le flambeau de l'examen sur des points qu'on regarde comme constans, et qu'on décore du nom de principes.

J'ai donc osé examiner.

Une foule d'erreurs accréditées jusqu'ici sont venues alors se dénoncer elles-mêmes.

Comment concevoir celle qui est relative à la manière dont on fait le budget? Comment concevoir que, sous l'empire de la Charte, où le premier principe de de tous est l'intérêt des peuples, on ne pense uniquement, quand il s'agit du budget, qu'à remplir le trésor, sans s'inquiéter si les peuples ont les moyens de payer ce qu'on veut tirer d'eux, sans faire aucune attention à l'état de misère dans lequel ils sont plongés, et cela sur la grande raison que jamais on n'a agi autrement?

Sur bien d'autres matières, comme celles des banques, du crédit public, de l'agiotage, et du degré d'importance qu'on doit donner à l'agriculture, etc., etc., les erreurs ne se trouvent pas moindres.

J'attaque celles de ces erreurs qui se trouvent sur mon chemin, et je prouve, relativement à l'agriculture, que le système de Colbert, qui lui porte chez nous des coups mortels, est essentiellement vicieux, et qu'il faut en revenir à celui de Sully, qui pensait que l'agriculture doit faire en France la base de la prospérité publique.

Relativement à l'agiotage : qu'il nuit au crédit public, bien loin de le servir; qu'il est le plus grand ennemi des rentiers, des créanciers de l'Etat, de toute industrie, de la propriété foncière; et qu'il faut absolument le détruire; et j'en indique les moyens.

Relativement à la Banque de France :

qu'elle porte sur de fausses bases, qu'elle a coûté à la France 52 millions, qu'elle est donc dangereuse dans sa constitution actuelle; mais qu'il faut la conserver en la fondant sur des bases solides que je fais connaître.

On voit que ma marche est toujours, après avoir montré le vice des choses, d'en présenter les remèdes. Je crois cette marche naturelle et complète; mais on voit aussi d'avance que les préventions doivent être contre moi.

Je prie mon lecteur de ne point s'abandonner aux siennes, et de suspendre son jugement sur mon ouvrage, jusqu'à ce qu'il l'ait lu en entier, sans rien passer; car l'enchaînement et l'ordre de mes propositions sont nécessaires au développement de mes idées et à l'établissement de mes preuves.

Peut-être trouvera-t-on que j'ai pris quelquefois, dans mon ouvrage, le ton tranchant. Je crois en effet que je mérite ce reproche; mais je prie de considérer que j'écris d'intime conviction ; que mon sujet, dont je suis plein, m'échappe malgré moi, et que je ne puis pas prendre les formes du doute, quand l'évidence se montre à moi de toutes parts. Il n'est pas davantage en mon pouvoir de m'exprimer faiblement sur ce que je ne puis sentir qu'avec force, parce que j'ai vu de près l'effet des funestes erreurs que je combats. J'ai été plus qu'un autre la victime de ces erreurs d'administration, qui, sous Buonaparte, vainqueur de tout obstacle, livraient au pillage de ses partisans la France entière, et de ce cruel droit de représailles qui, sous Buonaparte tombé, a livré la France au pillage des nations étrangères. *Et quorum pars magna fui*, pourrais-je dire comme Enée, quand il raconte le sac de la malheureuse Troie. Mais Enée, du moins, n'eut à se plaindre que des ennemis de son pays.

Des Parisiens croient vraiment que personne n'a souffert plus qu'eux. Qu'ils aillent dans les campagnes, et ils seront bientôt détrompés : ils ne connaissent les misères de la France que comme on connaît les malheurs des peuples, quand on lit l'histoire. Le livre fermé, les faits s'oublient, et l'intérêt s'efface ; il suffira à ces Parisiens de voir les spectacles pleins, et de pouvoir jouer la rente, ils seront persuadés que les maux sont réparés. De tous côtés pourtant les malheureux habitans des campagnes souffrent encore et des maux de la guerre, et des rigueurs du ciel.

L'administration ne voit jamais que l'habitant des villes ; ses regards ne s'étendent pas jusqu'aux habitans des campagnes. Depuis la révolution, Paris est tout ; et, dans Paris, tout se fait pour la Bourse des effets publics. Voilà ce qui explique toutes ces concessions de monopoles sollicitées et obtenues tour-à-tour par différentes classes de l'industrie des villes, et qui les mettent à-peu-près au pair entre elles, mais qui pèsent toutes ensemble sur l'industrie des campagnes, et la ruinent. Voilà ce qui explique aussi que tous les plans de finance ne soient jamais que des plans d'agiotage, plus ou moins renforcés.

J'ai voulu défendre les intérêts et les justes droits des campagnes évidemment violés, et ceux, en même tems, des propriétaires sur qui la misère des campagnes est retombée à ce point que la propriété foncière est vraiment aujourd'hui une sorte de charge publique, et qu'on peut calculer en combien de tems un propriétaire de biens ruraux sera ruiné, s'il n'a, pour dédommagement de sa propriété, s'il n'a, pour la supporter, le secours d'un portefeuille, d'une profession, ou de rentes.

Les habitans des campagnes et les propriétaires qui connaîtront mon ouvrage, me sauront quelque gré, sans doute, de plaider leur cause, et j'espère qu'ils verront en moi l'ami de la justice et de la vérité; mais, de quel œil me verront-ils, ceux dont je combats les prétentions déplacées et les faux intérêts? Comment me traiteront aussi les gens de parti, qui reconnaîtront que je ne suis les étendards d'aucun, mais qui réputent ennemi tout ce qui n'est pas eux? Embrasser le parti de la raison, à leurs yeux, c'est être dupe; que dis-je? c'est être coupable.

On s'apercevra aisément que mon ouvrage a été fait, en très-grande partie, avant l'ordonnance du Roi qui dissout la dernière Chambre. J'avais bien alors le droit de dire que la Charte, toujours mise en avant, n'était point exécutée. Je n'ai jamais douté que le Roi la voulût, mais son ordonnance même prouve que sa volonté était méconnue; et le ministère mérite un reproche: c'est de n'avoir pas dénoncé la Chambre, à la première infraction qu'elle a faite de la Charte. Que d'erreurs et de maux eussent été sauvés par là, et quelle confiance eût inspirée le ministère? Ne doutons pas qu'il s'empresse de réparer cette grande faute, en exécutant franchement la Charte. Il n'y a pas d'autre moyen de salut pour la France. Il serait bien malheureux que les peuples vinssent à s'imaginer faussement que la Chambre n'a été cassée que parce que le pouvoir féodal a cessé de marcher du même pas que le pouvoir royal. Ils auraient à se plaindre qu'on eût été distrait des véritables soins du Gouvernement, pour s'occuper des intérêts d'une royauté absolue, que la royauté constitutionnelle doit remplacer.

Je ne devrais pas terminer cette préface, sans parler de l'objet principal de mon ouvrage, du nouveau système de finances que je propose, et des moyens d'exécution que je dois présenter. Ces moyens sont simples, justes, et d'un emploi facile ; je dois ajouter qu'ils sont grands, puissans, et de nature à assurer l'*infaillible succès* du système. Mais ils sont de nature aussi à ce que je ne les fasse connaître que quand j'aurai établi d'autres principes que ceux que l'on professe, et que j'aurai prouvé des propositions qui sont des antécédens nécessaires. Mon lecteur arrivera après, avec moi, à la connaissance de mon plan et de mes moyens, et il les trouvera lui-même. Je ne les crée pas, je ne suis que l'organe de la volonté des choses. Je me borne à dire ici que c'est sur la nécessité d'exécuter la Charte, et de raviver les travaux, que je fonde mon système de finances; et, sur ce principe encore, que ce n'est pas l'argent qui fait la richesse d'une nation, mais les choses consommables qu'elle produit par son travail. L'argent, il est vrai, est le premier instrument de travail, et, par cette raison-là même, il m'a paru bien étrange qu'aucun auteur de plan de finance n'eût songé que l'étranger allait nous enlever plus des trois quarts de notre numéraire (1). J'ai cherché à parer aux graves inconvéniens qui résulteraient de sa disparition presque totale, et j'en ai trouvé les moyens d'ans l'obligation même où est la France de se liquider, quand elle passe du régime d'un gouvernement absolu,

(1) Si ce n'est M. l'évêque de Pamiers.

qui ne connaît que les intérêts d'un petit nombre, au régime du gouvernement constitutionnel, qui ne doit jamais agir que dans l'intérêt général.

NOUVEAU
SYSTÈME DE FINANCE

ET

PROJET DE LIQUIDATION GÉNÉRALE,

FONDÉS SUR LA CHARTE.

CHAPITRE PREMIER.

Objet de l'Ouvrage.

AVANT la révolution, les peuples ne s'occupaient pas de savoir dans quel état se trouvaient les finances du royaume. Ils s'inquiétaient, quand il circulait des bruits de réduction des rentes ou d'augmentation des impôts. Le mal fait, on n'y songeait plus. Quelques légers murmures éclataient, qui, presque toujours, tournaient en chansons et en épigrammes. Mais il ne passait par la tête de personne de rechercher la cause des désordres qui faisaient augmenter les impôts, ou manquer le prince à ses engagemens, et bien moins encore de publier des plans de finance. Les remontrances des parlemens, quelquefois très-vigoureuses, ne contenaient jamais que des plaintes vagues, au sujet du défaut d'économie, ou sur les déprédations des finances, les abus de pouvoir, et la misère des peuples. Aucun parlement, en refusant d'enregistrer des édits d'établissement d'impôts, de création de charges ou d'emprunts, ne s'avisa jamais de substituer dans ses remontrances, aux mesures qu'il repoussait, d'autres mesures pour remplir le vide qui se trouvait dans les coffres du prince. Le ministère réglait les finances, comme il le voulait, comme il l'entendait; les parlemens n'étaient point consultés, ils n'étaient que requis d'enregistrer, c'est-à-dire de remplir une formalité qui donnait une publicité nécessaire à l'édit; et il fallait qu'ils enregistrassent de gré ou de force, quand le Roi le voulait absolument. Il eût donc été inutile pour eux, et à plus forte raison pour tout autre que ceux qui remplissaient les places de finance, d'étudier une matière fort sèche en elle-même, et où manquaient les premiers élémens de l'instruction. Tout ce qui concernait les finances était tenu derrière un voile; c'étaient *les affaires du Roi*. Bien indiscret se fût montré celui qui eût voulu soulever ce voile, et eût essayé de parler dans les cercles, ou d'entretenir le public de matières de finances et d'administration. La moindre chose qui lui fût arrivée, eût été d'être tourné en ridicule pour s'occuper de pareils objets.

Ce fut M. Necker qui, le premier, par son compte rendu en 1781, attira l'attention sur ces matières, et porta le public à s'en occuper. Ce compte était une chose fort insolite, et il fallait toute la probité, toute la pureté d'intention du vertueux Louis XVI, pour la permettre ou l'excuser; car, enfin, de quelque raison que M. Necker appuyât sa conduite, c'était toujours, dans la vérité, un ministre qui mettait la nation dans la confidence des affaires de son maître. En effet, d'après les principes du tems, le Roi était l'Etat (comme Louis XIV s'était plu si souvent à le dire); il administrait son royaume comme sa propriété, empruntait en son nom personnel, et était seul débiteur des engagemens qu'il avait contractés pour l'Etat. On répondit à M. Necker par quelques pamphlets; on contesta plusieurs de ses assertions, il les soutint; M. de Calonne l'attaqua, et en fut attaqué à son tour. Il n'était pas disposé, lui, à imiter son exemple par la publicité du compte de son administration. Mais il fallut bien qu'il cédât au désir que manifestait l'assemblée des notables de connaître la position des affaires, puisqu'elle n'avait été convoquée que pour en faire cesser les embarras. Il s'y détermina enfin, et lui envoya des tableaux et des états de situation, qui ne pouvaient pas manquer, et ne manquèrent pas d'être connus. Ils donnèrent lieu à plusieurs écrits qui fixèrent l'attention des esprits sérieux, et firent naître bien des réflexions : ainsi se prit l'habitude de s'occuper des affaires de finance. La révolution arriva bientôt, qui fit de la publicité un des principaux ressorts du Gouvernement. Il fallut que, chaque année, fût imprimé, distribué, discuté publiquement, sous le nom de budget, l'état de situation de la France. Mais, du moins, jusqu'à présent la discussion s'était renfermée dans les assemblées qui représentaient la nation; et si quelques mémoires avaient été publiés sur différentes parties de finance ou d'administration, dont la connaissance était familière aux auteurs, personne encore ne s'était imaginé de présenter de plan de finance. Ce soin était laissé au ministère, qui, tous les ans, faisait son budget, seule chose que l'on crut qui fût à faire dans les circonstances.

Aujourd'hui, c'est bien différent : les plans de finance abondent de tous côtés. On les compte par douzaines; on pourrait dire qu'il en pleut. Chaque maison, ou chaque coterie, a maintenant son financier, comme elle avait autrefois son poète, son faiseur de chansons. Les choses sont bien changées. On pouvait rire autrefois, maintenant il n'y a plus qu'à gémir et pleurer.

On doit être tenté de se moquer de ce nouveau ridicule, que nous nous sommes donné. Il porte pourtant son excuse avec lui. Le ministre des finances a présenté son budget de 1816 à la discussion des Chambres. Celle des députés l'a rejeté, et en a fait un nouveau. Celui-ci, envoyé à la Chambre des pairs, a été combattu avec une force de raisonnemens qui ne permettait aucune réplique : la nécessité d'en finir l'a cependant fait adopter; mais son insuffisance et ses vices n'ont pas tardé à se faire sentir, et le ministre, dont la santé souffre, a créé une commission pour faire son budget de 1817. Elle y travaille avec ardeur; elle est composée d'hommes distingués par leurs talens, l'élevation de leur rang, leur probité, leurs lumières et leur amour pour le prince et la patrie.

Sûrement il faut espérer beaucoup du travail d'hommes aussi recommandables; mais, s'ils se trompaient, où en serions-nous? Il est des tems où les plus grandes fautes peuvent être impunément commises; mais il en est d'autres aussi où de légères méprises entraînent les conséquences les plus graves, et par malheur nous sommes dans ces tems-là: nous avons fait toutes les fautes imaginables, nous n'avons plus à en faire, nous n'avons plus rien à perdre, rien à gaspiller. Nous en sommes (qu'on me passe la métaphore), nous en sommes à notre dernier pain de la vie sociale; il faut, pendant que nous le mangerons, s'occuper d'en pétrir d'autre.

Ce sont les administrés qui paient les erreurs des administrateurs; nous n'en avons que trop la certitude: ne nous étonnons donc pas si l'administration, s'avouant embarrassée, et le mal empirant tous les jours, tant de gens viennent apporter dans leur plan de finance le tribut de leurs idées, de leurs lumières et de leur zèle: sachons-leur gré à tous; la France aura profité de leur émulation, si tous les plans ensemble présentent ou font éclore une seule bonne idée.

Nous avons lu la majeure partie de ces plans, et aucun d'eux ne nous a satisfaits. Ils portent tous sur une erreur commune, enracinée depuis bien du tems. C'est que, dans la conception d'un plan de finance, on ne doit avoir en vue que le trésor public. *Il faut de l'argent;* comme s'il n'en fallait pas toujours! Elle n'est pas d'invention nouvelle cette phrase, car elle fut dite et cette année, quand il s'est agi du budget, et l'année dernière, et à chacune des quatorze années de l'administration de Buonaparte; et sous le directoire, et sous la convention, et sous l'assemblée constituante, et avant la révolution, et toujours, et toujours. Qu'a-t-on produit cependant avec cette phrase, qu'on trouve si commode et qu'on ne s'est peut-être pas bien expliquée à soi-même? Qu'a-t-on produit en prétendant qu'en finance tout se réduit à dire : *Il nous faut de l'argent*, et à avoir pour soi la force? Ce qu'on a produit? les malheurs de la France sous les dernières années du règne de Louis XIV, la banqueroute de Law, celle de l'abbé Terray et autres contrôleurs-généraux sous Louis XV, la révolution avec tous ses crimes et son effroyable banqueroute, trente autres banqueroutes partielles, pour le moins, faites depuis; enfin, la misère effroyable dans laquelle nous sommes plongés, et qui peut amener les plus horribles catastrophes. Que de maux on eût évités, si l'on se fût dit : « Il nous faut de l'argent : laissons donc aux peuples, en lui en demandant, les moyens de nous en donner encore, quand nous aurons encore à lui dire :

» *Il nous faut de l'argent.* » Que de maux on eût évités, si l'on se fût dit : « Commençons » par consulter les facultés des peuples, nous » aviserons après aux moyens de satisfaire aux » besoins du trésor public. »

Plutarque rapporte, d'après Hérodote, que Thémistocle voulant lever des subsides sur les habitans d'Andros, sur qui avaient pesé tous les maux de la guerre, il leur déclara qu'il venait accompagné de deux puissantes divinités, *le besoin et la force*, qui, disait-il, entraînent toujours la persuasion à leur suite. « Thémistocle, lui répondirent-ils, nous » sommes protégés par deux divinités non » moins puissantes que les tiennes, *l'indi-* » *gence et le désespoir*, qui méconnaissent la » force. »

Buonaparte a éprouvé l'effet de l'indigence des peuples ; l'inertie où les réduisait leur indigence, l'a tué, quand il les a appelés à sa défense ; ils n'ont pas eu à témoigner leur désespoir.

Si l'on en croit *tous les metteurs d'impôts*, il ne s'agit que de les déguiser ou d'en inventer de nouveaux : c'est sûrement très-ingénieux ; mais, les plus beaux changemens de noms feront-ils trouver de l'argent où il n'y en a pas ?

Et, si l'on ne peut pas payer les impôts actuels, en pourra-t-on payer de plus considérables, quand la misère sera plus grande ? Ce n'est pas de la dénomination, c'est de la quotité des impôts qu'il faut s'inquiéter. Imaginez ceux que vous voudrez, mais songez que les peuples pourront, à grand-peine, payer maintenant six cent millions par année, frais compris.

Nous n'avons qu'une prière à faire à ces messieurs : c'est de songer que pour que les hommes paient, il faut d'abord qu'ils vivent.

Un autre reproche que nous faisons à presque tous les plans de finance présentés jusqu'à ce jour, c'est d'être incomplets et insuffisans : en effet, ce ne sont guère que des budgets pour l'année. Nous ne trouvons rien de plus déraisonnable que de vouloir faire par morceaux un travail aussi considérable que celui qui est nécessaire pour tirer la France de l'embarras où la met le mauvais état de ses finances. Il nous semble entendre cet auteur dramatique qui promettait au parterre de lui faire les quatre derniers actes de sa tragédie, quand le premier aurait réussi.

Nous reprochons encore à tous ces plans l'indifférence avec laquelle ils traitent l'agriculture. Il est aisé de voir que leurs auteurs sont des gens de ville habitués à dédaigner les campagnes, et qui ne compatissent point aux maux qu'ils ne souffrent pas, qui sont du moins tout-à-fait étrangers aux travaux des champs, ignorent ou feignent d'ignorer que c'est le travail qui produit les richesses des nations, et qu'elles proviennent toutes en premier lieu de la terre. Ils savent bien que les campagnes ont été frappées de réquisitions de toute espèce, pillées et ravagées deux années de suite, que la misère y est au comble. Mais peu leur importe : ils ne voient que le peuple des villes, et même que le peuple de Paris, ou plutôt que le peuple de la Bourse des effets publics. Suivant eux, la France est toute à la Bourse, et tout consiste uniquement (ils ne disent pas à assurer le service des rentes) mais à élever *au pair* le cours des rentes. *Au pair*, soit ; mais comment élèveront-ils *au pair* les biens-fonds qui sont tombés de cinquante pour cent depuis deux ans, par toutes les mesures prises pour élever les rentes *au pair?* Y élèveront-ils aussi les produits de l'industrie agricole et manufacturière? croient-ils que les peuples se nourrissent de transferts et de liquidation de rentes? Tous les reports qui se font à la fin du mois produisent-ils un grain de blé? et si des torrens de pluie ne mouillent pas les rentes, ne gâtent-ils pas les moissons? Les conceptions de cette espèce sont aussi raisonnables que le seraient celles d'un propriétaire de biens immenses, qui dirait à ses nombreux domestiques, et à tous les ouvriers qu'il avait accoutumé d'employer : « La culture de mes terres me » fatigue. Je suis las des travaux continuels » qu'elle exige, et des avances qu'il faut toujours » faire. Je veux abandonner tout cela, et vi» vre désormais des remises que vous me fe» rez sur vos traitemens et vos salaires. — Et » nos traitemens, et nos salaires! comment » nous les paierez-vous? » lui répondraient-ils à leur tour.... Il n'y a dans tous ces plans, qui ne sont vraiment que des plans d'agiotage, que cette petite difficulté à laquelle on n'a pas songé.

Ce sont ces méprises et une foule d'autres pareilles qui vicient tous les plans présentés jusqu'à ce jour, et nous font penser qu'aucun d'eux n'atteindrait le but désirable. Nous osons même dire que nul de ces plans n'aborde la question, et nous entreprenons aussi de présenter un plan de finance. Suivant nous, il doit être approprié à la situation de la France; avoir non-seulement en vue les besoins du trésor public, mais aussi les misères des peuples; ne pas songer seulement au moment présent,

cière tous les avantages dont elle est susceptible, d'attacher le Français à son pays et à son prince;

D'assurer la subsistance des peuples au prix le plus convenable à l'intérêt de tous; d'empêcher de cette manière toutes ces oscillations, toutes ces variations de prix des denrées de première nécessité, qui font prendre si souvent des mesures réprouvées par la justice et la saine raison, et de rendre par-là la marche de l'administration plus douce, plus simple, plus facile, et toujours conséquente avec elle-même;

Enfin, notre plan doit procurer au Gouvernement, sans bourse délier de sa part, sans risque aucun, sans charger les peuples de nouveaux impôts, et par la seule force de son crédit (tant compromis aujourd'hui), une augmentation de plusieurs millions de revenu par année.

Commençons par voir la situation actuelle de la France.

CHAPITRE II.

Situation de la France sous le rapport

1°. De la misère des peuples ;
2°. De la pénurie d'argent au trésor ;
3°. Du revenu de la France ;
4°. De la masse de son numéraire circulant.

Ces quatre choses sont à considérer, puisqu'elles forment ensemble, sous le point de vue financier, le tableau de la situation de la France, et que nous avons reconnu qu'il fallait qu'un plan de finance fût approprié à cette situation.

§. Ier. *De la misère des peuples.*

Nous avons à toucher, ici, une corde bien délicate. Si nous la faisons résonner comme il convient, nous blessons les oreilles, et l'on nous reprochera peut-être de jeter l'alarme. Si nous la touchons mollement, nous ne nous faisons pas entendre, et nous n'inspirons pas cette crainte salutaire qui fait recourir aux remèdes. On aime à se flatter dans les grandes maladies, on compte sur la nature, et, s'il faut une opération douloureuse, l'on ne s'y détertermine qu'à la dernière extrémité. Si en 1814, au premier retour du Roi, le ministère eût vu le véritable état des choses, il eût fait les opérations qui convenaient, et n'en eût pas fait de toutes contraires ; nous n'eussions pas éprouvé depuis tant de maux qui ont ajouté à tant de maux déjà soufferts.

Quoi qu'il en soit, il est vrai de dire que la misère publique est au comble aujourd'hui : les riches ont fait des pertes qui les mettent dans la gêne ; ceux qui avaient de l'aisance sont ruinés, et les autres sont sans ressources. De toutes parts, on n'entend parler dans les villes que d'ateliers fermés, de manufactures sans commandes, de maisons de commerce en faillite, de banquiers, de notaires, d'avocats, d'avoués et autres gens d'affaires sans occupation, d'artistes, d'artisans et d'ouvriers de tout genre sans travaux, de propriétaires qui ne touchent rien de leurs revenus, et de commis et d'employés soupirant après le paiement de leurs traitemens. Un seul genre d'affaires occupe, et encore seulement à Paris. Ce sont celles de l'agiotage des effets publics : elles attirent de tous les points de la France les capitaux, pour jouer au tripot de la Bourse le jeu effréné des rentes à primes, ou se placer sur effets du Gouvernement à 12 ou 15 pour 100 par an. C'est là ce qui fait le taux de l'intérêt de l'argent. Qu'un manufacturier, un entrepreneur de travaux, ou un propriétaire aient besoin d'argent, ils n'en trouveront qu'à ce prix, qu'augmenteront encore des frais et des droits de fisc et de commission; que des marchandises soient à vendre pour acquitter des billets échus, que ce soit des effets mobiliers dont il faille se défaire pour faire vivre quelque tems une famille d'employés ou de pensionnaires, ils seront achetés au cinquième de leur valeur; qu'un propriétaire, qui n'est pas payé de ses fermiers ou locataires, ou qui a été pillé ait besoin de vendre sa propriété, parce qu'il est poursuivi en paiement de l'impôt, il est bien sûr qu'elle ne sera vendue qu'à 50 pour 100 au-dessous de l'estimation qui en aura été faite : que s'il en gémit, « Estimez-vous heu-» reux, lui dira-t-on : n'avez-vous pas reconnu » par vous-même que c'est une charge aujour-» d'hui que d'être propriétaire? celui qui se » met à votre lieu et place, sait-il bien à quoi il » s'engage? et ne doit-il pas frémir, d'après » les exemples des années qui viennent de » s'écouler? Il court le risque d'être ruiné » comme vous! » et la réflexion n'est que trop juste.

Mais la misère est masquée à Paris ; plus on souffre, et plus on dissimule ses souffrances : car le plus grand tort qu'on puisse y avoir est d'être malheureux : d'ailleurs chacun possédait un capital plus ou moins fort, et c'est sur ce capital qu'il vit depuis plusieurs années, toujours dans l'espérance d'un sort moins rigoureux, qui lui permettrait de développer ses moyens, son activité et son industrie.

Cette conduite est vraiment courageuse ; mais il est malheureux qu'elle aide à faire prendre le change à l'autorité sur le véritable état des affaires. Les promenades toujours fréquentées, les spectacles toujours suivis, le luxe constant des femmes, les réunions, les bals et les fêtes non interrompus, tout cela empêche les gens en place de croire à l'excessive misère : ils n'y voient que de la gêne que les esprits chagrins se plaisent à exagérer. Quant au nombre effrayant des suicides qui se commettent aujourd'hui, si on leur en parle, en témoignage de la misère générale, il ne faut pas les attribuer à la misère et au désespoir, mais à des dérangemens de cerveaux. C'est ainsi que les gens en place ne connaissent pas mieux la vérité à l'égard de Paris, qui est sous leurs yeux, que les habitans de Paris qui souffrent eux-mêmes ne la connaissent à l'égard des habitans des campagnes, dont ils ne peuvent se figurer les horribles misères.

C'est là en effet qu'elles sont effrayantes,

et navrent de douleur les cœurs les plus froids. En Normandie, en Bretagne (pays qui ont le moins souffert de l'invasion), des bandes de cent à deux cents cultivateurs, ruinés par les réquisitions et les pillages, vont parcourant les campagnes couverts de haillons, et mendiant leur pain de village en village. Dans d'autres provinces, des malheureux paysans se nourrissent d'herbes et de racines, ou, las enfin de traîner leur misérable existence, ils se donnent la mort, après avoir massacré leurs femmes et leurs enfans.

Et c'est en France qu'on est arrivé à cet excès de misère! Nous possédons le sol le plus fertile et le plus varié: nous sommes le peuple le plus actif, le plus laborieux, le plus industrieux: nous demandons à grands cris du travail: on convient que c'est au travail qu'est due la production des richesses, et personne ne nous entend; personne ne dit: Redonnons à la nation des moyens de travail; c'est à chercher, c'est à trouver ces moyens que consiste toute la question. C'est donc elle sur-tout qui est à étudier, et loin de s'en occuper, tous ceux qui présentent des plans de finances disent: Ne songeons qu'à élever les rentes au cours *du pair;* ne songeons qu'à soutenir *l'agiotage à la Bourse.*

§. II. *De la Pénurie d'argent au Trésor.*

Notre lecteur nous dispensera d'entrer dans des détails sur ce sujet. Il n'est personne qui ignore combien est grande cette pénurie. Il suffit de savoir que tous les paiemens sont en retard. On masque dans les bureaux, avec toute l'habileté imaginable, la difficulté de payer aux échéances. Les rentiers sont ceux qui s'aperçoivent le moins de cette difficulté; mais elle n'en est que plus sensible aux autres parties prenantes. Cependant les rentrées sont poursuivies avec une chaleur qui ne peut que faire honneur à l'activité des agens de l'administration. Chaque jour, et aussitôt que la plus petite somme a été perçue par une administration publique, cette somme est versée à l'instant au trésor. Des moyens, même très-pressans, sont employés auprès des contribuables et des débiteurs de nouveaux cautionnemens pour les déterminer à anticiper leurs versemens. Tout cela n'empêche pas qu'il n'y ait un déficit de plus de cent millions déjà sur les recettes du budget de l'année, et nous ne craignons pas de dire que ce déficit montera à la fin de l'année à trois cent millions pour le moins. Il est évident par là qu'il y a impossibilité absolue pour la France de supporter la masse des impôts actuels : cependant le ministère des finances a déjà prévenu publiquement qu'il fallait s'attendre à une augmentation d'impôts de 100 millions pour 1817.

§. III. *Du Revenu de la France.*

Il n'y a pas entre les calculs de ceux qui se sont occupés jusqu'à ce jour de rechercher quel est le revenu de la France, autant de différence qu'on pourrait bien se l'imaginer, d'après la différence de position où se trouvaient les auteurs et le point de vue sous lequel chacun envisageait les objets. En effet, les uns, entièrement indépendans, ne travaillaient que dans l'intérêt de la vérité, jaloux seulement de faire preuve de sagacité et d'exactitude ; les autres, au contraire, tenant au ministère, faisaient toujours leurs calculs de manière à enfler le revenu national, pour donner droit au Gouvernement d'imposer davantage les peuples.

C'est ainsi que fit, en 1813, le dernier ministre de l'intérieur de Buonaparte, qui, pour appuyer le ministre des finances, dont le budget élevait les impôts à un milliard cent cinquante millions, ce qui les portait, avec les frais et les sommes à payer pour les octrois des communes, à plus de quinze cent millions, exagéra au corps législatif le revenu de la France, afin de justifier cette énormité d'impôts. Il supposa, sur les calculs les plus erronnés, que les produits de l'industrie manufacturière et commerciale montaient à deux milliards, et ne parla que du produit brut des terres, sans faire observer que les frais de culture et de semence réduisaient infiniment le produit net, qui était le seul passible d'impôts.

Ceux de cette classe professent aussi une doctrine que les autres rejettent.

Ils prétendent qu'il faut ajouter au revenu territorial et au revenu industriel d'une nation celui qu'ont tous ses créanciers, au moyen des rentes et intérêts qu'elle leur paie, et même des traitemens qu'ils en reçoivent. Il est aussi par trop absurde d'additionner des recettes et des dépenses pour faire un actif du total. C'est comme si un père de famille, ayant deux cent mille francs de revenu, et voulant donner à ses enfans cent mille francs de rente en avancement d'hoirie, les empruntait sur ses biens, et qu'on vînt dire ensuite qu'il y a dans sa maison trois cent mille francs de rente, puisque le père jouit de deux cent mille francs de rente, et que ses enfans ont cent autres mille francs. Il est évident que la maison n'est pas plus riche après l'emprunt qu'auparavant.

En s'appuyant sur les documens les plus authentiques, et les autorités les plus recommandables, et en contrôlant les différens travaux les uns par les autres, voici ce que l'on peut dire sur le revenu actuel de la France.

Pour commencer par le revenu du sol, le dernier ministre de l'intérieur sous Buonaparte, dans le compte de la situation de la France présenté au corps législatif le 25 février 1813, porte la population de la France à cette époque à quarante-deux millions sept cent mille habitans, et le revenu brut du territoire à cinq millards trente-un millions de francs.

Elle a perdu aujourd'hui la Belgique et plusieurs autres provinces très-fertiles : rentrée dans ses anciennes limites, elle ne peut pas, après des guerres aussi longues et aussi sanglantes, avoir une population plus forte aujourd'hui que celle qu'elle avait quelques années avant la révolution, et il faut même dire encore que sa population actuelle ne peut que diminuer par le nombre considérable des Français de toute classe qui quittent maintenant la France, faute d'y trouver des moyens d'existence. Or, avant la révolution, Smith, dans son immortel ouvrage de la Richesse des Nations, évaluait la population de la France, d'après des renseignemens pris avec beaucoup de soin, de vingt-trois à vingt-quatre millions d'ames, et M. Necker l'évaluait de vingt-quatre à vingt-cinq millions, dans son ouvrage de l'Administration des Finances publié en 1784. On peut donc dire que la population de la France monte tout au plus aujourd'hui à vingt-cinq millions d'habitans, et c'est en effet l'opinion générale, que confirment les statistiques des différens départemens.

Mais si on suppose (ce qui est assez vraisemblable) que la diminution de sa population soit en rapport avec celle de son territoire, et qu'on parte de l'évaluation du ministre, on trouvera que si quarante-deux millions sept cent mille habitans avaient un revenu foncier brut de cinq milliards trente-un millions de francs, vingt-cinq millions d'habitans n'ont pas, sur le sol actuel de la France, plus de trois millards de revenu brut foncier, sur lequel seraient à prélever les frais de semence, de culture et de récolte, les bénéfices et salaires légitimes des agens de la culture, qu'on évalue, le tout ensemble, aux deux tiers, ce qui ne laisserait pour produit net, revenant aux propriétaires, qu'un milliard.

De son côté, M. le comte Garnier, dans sa savante préface de la traduction de *Smith*, évalue le produit brut du territoire de la

France à trois milliards trois cent millions ; mais il écrivait en 1794, dans un tems où l'aliénation des biens nationaux avait donné un grand élan à l'agriculture, et il supputait que la population française montait à trente millions d'individus ; et lorsqu'il voulut contrôler son évaluation par le montant de la contribution foncière, il ne trouva plus que neuf cent millions de produit net, ce qui ne donne que deux milliards sept cent millions de produit brut.

Il y a trop peu de différence entre l'évaluation de M. le comte Garnier et celle du ministre de Buonaparte, pour qu'on ne doive pas dire que l'une confirme l'autre ; nous donnons la préférence à celle de M. le comte Garnier, parce qu'elle a été faite avec plus d'indépendance et de liberté que l'autre ; et nous estimons que c'est celle qui approche le plus de la vérité. Si nous avions une crainte, ce serait qu'elle ne fût un peu trop forte, surtout pour l'année qui va commencer, à cause du mauvais état actuel des récoltes, et des pertes occasionnées par l'intempérie des saisons dans les produits de tout genre de la terre.

Voilà pour le revenu du sol de la France. On voit que le ministre ne l'a point exagéré ; il s'est contenté de présenter le revenu brut comme entièrement imposable, tandis qu'il n'y a de tel que le revenu net, sur-tout au regard de la contribution foncière.

Où est son exagération? c'est dans l'évaluation du revenu industriel, celui qui provient des manufactures et du commerce. Dans le compte de situation de la France dont nous avons parlé, il porte ce revenu à deux milliards; mais il n'y a pas dix de ses nombreux articles tirés en ligne de compte qui ne soient susceptibles de la critique la mieux fondée, et les doubles emplois s'y rencontrent à chaque instant.

Sur cette évaluation du revenu industriel, il faut faire les mêmes raisonnemens et les mêmes calculs que ceux que nous avons faits relativement à l'évaluation du revenu du sol, avec d'autant plus de fondement encore qu'ils s'appliquent ici d'une manière bien plus directe. Or, d'après ces calculs, nous trouverions (si le ministre n'avait pas mis d'exagération dans son travail) que le revenu industriel et commercial de la France actuelle serait d'un milliard cent soixante-quatre millions. Cette évaluation est évidemment outrée et hors de toute proportion avec l'état des affaires au moment présent.

M. le comte Garnier a évalué, lui, en 1794,

le revenu du commerce et des manufactures françaises à six cent millions. Nous nous en tenons à son évaluation, en la modifiant cependant en raison de la grande différence des tems. Tout le monde se rappelle l'activité prodigieuse qui, en 1794, régnait dans les affaires, et il n'est personne qui ne convienne qu'elles sont maintenant, au contraire, dans un état de langueur dont on n'a point d'exemple. Nous pouvons avancer en toute assurance qu'il ne se fait pas aujourd'hui le tiers des affaires qui se faisaient en 1794. C'est donc tout au plus à deux cent millions qu'il faut porter au moment présent l'évaluation du produit industriel et commercial de la France.

Ainsi, le revenu total de la France est à présent, savoir :

Revenu foncier brut.	2,700,000,000
Revenu des manufactures et du commerce	200,000,000
	2,900,000,000
Mais n'oublions pas que du revenu foncier brut il faut déduire les frais de semences, les labours et autres avances à faire à la terre, et qu'on évalue au tiers du revenu foncier brut, ci	900,000,000
Le revenu total de la France ne serait donc que de.	2,000,000,000

Laquelle dernière somme est la seule imposable, comme représentant le revenu net de la France, en observant que du revenu net des terres il n'en revient qu'un tiers, neuf cent millions, aux propriétaires, l'autre tiers représentant les profits et salaires des agens de la culture.	
Maintenant, si nous considérons que les dépenses ordinaires de 1817 paraissent exiger en impôts la somme de	590,000,000
Les dépenses extraordinaires, la somme de	310,000,000
En tout.	900,000,000
Qu'il faut ajouter à cette somme, pour frais de perception, au moins quinze pour cent, en les calculant les uns dans les autres, et en y comprenant les faux frais et les dépenses extraordinaires qu'occasionnent aux agens de la culture, particulièrement, les avances qu'ils sont obligés de faire de la contribution foncière, ci. . . .	135,000,000
Qu'il y a, en outre, les droits d'octroi, que supportent les peuples, et qui, avec les frais de perception, ne montent pas à moins de.	150,000,000
Et qu'enfin l'impôt de la garde natio-	
	1,185,000,000

D'autre part	1,185,000,000
nale ne peut guère être évalué à moins de deux cent millions, en ne supposant qu'un million de gardes nationaux, ne dépensant annuellement que deux cents francs l'un dans l'autre, ce qui ne paraîtra pas exagéré, pour peu qu'on prenne garde au grand nombre de journées de travail employées pour le service, et aux dépenses forcées qu'il exige, ci.	200,000,000
On trouvera que les peuples auront à payer pour impôts, en 1817, la somme de.	1,385,000,000

Ce sera à peu près le triple de ce qu'ils payaient dans les années qui ont précédé la révolution, et les trois quarts de tout le revenu actuel de la France.

Et les peuples, bien loin d'avoir à espérer une diminution d'impôts pour les années suivantes, ont la trop cruelle certitude que par l'effet des circonstancés les impôts doivent augmenter, et toujours progressivement, en 1818, 1819 et 1820, années après lesquelles il faudra songer à déterminer le mode de paiement de l'arriéré de 1815 qui a été ajourné jusque-là.

Quant aux propriétaires fonciers particulièrement, le revenu net du sol pour eux étant de

900,000,000, comme ils paient en contributions directes avec les centimes additionnels et les frais à-peu-près 300 millions, il se trouve qu'ils contribuent aux charges de l'Etat pour le tiers de leurs revenus, seulement comme propriétaires, indépendamment de ce qu'ils y contribuent comme consommateurs. Cependant, il y a un quart de siècle que l'on a reconnu et décrété que pour ne pas les ruiner, on n'exigerait pas d'eux plus du cinquième du revenu net de leur propriété, ce qui ne ferait que 180 au lieu de 300 millions; et depuis ces vingt-cinq ans, on a dit, chaque année, toutes les fois qu'il a été question du budget, qu'on n'avait ni le tems ni les moyens d'exécuter la loi à l'égard des propriétaires, et *qu'il fallait de l'argent*, et tous les ans on a augmenté la contribution foncière, qui déjà était trop forte. Nous nous abstenons de toute réflexion; seulement nous ferons observer que, depuis deux ans, la moitié des propriétaires de biens ruraux n'ont rien reçu de leurs fermiers, et que, cette année-ci, ils sont menacés de ne recevoir qu'une faible portion de leur revenu; si même ils reçoivent quelque chose dans beaucoup de provinces, et sur-tout dans les pays vignobles; que de plus, grand nombre d'entre eux seront obligés à des avances très-fortes, soit pour remonter leurs fermiers, soit pour réparer les dégâts faits pendant le cours des deux dernières années dans les fermes et autres biens ruraux.

Si l'on cherchait ce que paient en masse tous les propriétaires fonciers qui n'ont pas d'autres revenus que celui de leurs terres, on trouverait qu'ils paient d'abord le tiers de leurs revenus comme propriétaires, et ensuite comme consommateurs, par les impôts indirects, peut-être plus encore du tiers; ensorte qu'un propriétaire qui a 12,000 fr. de rente peut bien être assuré qu'il en donne à l'Etat au moins 8,000.

En l'an 7, un homme très-instruit en économie politique écrivait : « Il faut mettre enfin » une digue à ce débordement d'impôts qui » vont tarir la reproduction dans sa source. » Oui, *c'est la véritable plaie de la France.* » Dans tout Etat qui veut se maintenir, il ne » peut y avoir de disponible pour l'impôt que » l'excédant des valeurs réclamées soit par les » besoins de la consommation annuelle, soit » par ceux de la reproduction, qui doit tou- » jours être progressive. La reproduction est » la seule fabrique des capitaux réels ; tout ce » qu'on en détourne est un emprunt fait à l'in- » térêt de 400 pour 100.

» Il m'est démontré, par des calculs plus

» que probables, que le sol français même,
» dans sa consistance actuelle (nous possé-
» dions alors la Belgique), ne doit pas sup-
» porter une taxe territoriale de plus de deux
» cent millions, TOUT COMPRIS, c'est-à-dire
» de plus du dixième de son produit *brut;*
» que tout ce qui excédera cette proportion
» sera, comme je l'ai dit ci-dessus, un em-
» prunt à 400 pour 100 fait aux dépens de la
» reproduction. »

Qu'a dû dire depuis ce tems, et que doit dire aujourd'hui cet écrivain?

§ IV. *Du Numéraire circulant en France.*

On n'est pas bien d'accord sur la quantité de numéraire qui circule en France. Du tems de Law, on l'évaluait de un milliard à douze cent millions : quelques-uns l'ont portée à quinze cents, d'autres à dix-huit cents; M. Necker pensait qu'elle pouvait bien être de deux milliards.

Nous croyons qu'elle a diminué plutôt qu'elle n'a augmenté, malgré les sommes considérables que Buonaparte a tirées des différentes parties de l'Europe, qu'il a pillées tour-à-tour. Il y a laissé ou reporté au-delà de ces sommes, soit dans ses dernières campagnes d'Espagne, ou dans celle de Moscou et de dix-huit cent treize, soit, davantage encore, par les travaux considérables qu'il a fait faire dans beaucoup de pays dont il espérait de rester maître, notamment en Italie et en Hollande. Il y a aussi depuis quelque tems plusieurs causes de sortie d'argent de France. Nous estimons que c'est beaucoup que d'évaluer à 1500 millions le numéraire qui circule actuellement en France.

Mais la majeure partie de cette somme va être livrée par nous à l'étranger en paiement de ce que nous lui devons par le traité. Or, quel sera l'effet de l'énorme diminution de notre numéraire? Et s'il ne peut être que funeste, ne faut-il pas travailler dès à présent à le prévenir, ou au moins à le diminuer?

Parce que les particuliers ont accoutumé d'évaluer leur fortune en argent, ce n'est pas une raison pour dire que la prospérité d'un pays dépend de la grande quantité d'argent qu'il possède. La preuve du contraire est dans l'exemple de l'Espagne et de l'Angleterre. Le premier de ces deux pays est celui de l'Europe qui a possédé toujours le plus d'argent, et il est le plus misérable; l'Angleterre est, au contraire, celui où l'on voit circuler le moins d'espèces d'or et d'argent, et c'est le pays de l'Europe qui marque le plus par sa prospérité.

Il n'y a que le travail et l'industrie qui rendent un pays prospère ; et un peuple peut être laborieux et industrieux, quoiqu'il possède peu de numéraire, pourvu qu'il trouve les moyens de remplacer chez lui, par des institutions bien combinées, la faculté qui paraît réservée particulièrement au numéraire d'exciter le travail et de faire circuler les marchandises. C'est l'application de cette vérité qui a fait si long-tems la fortune de l'Angleterre, et elle l'a appliquée par sa banque ; mais sa banque elle-même doit toute sa bonté à la constitution anglaise. Ses bases n'en sont pas autres que celles de toutes les banques de circulation qui ont été établies par-tout, et ont manqué dans tous les autres pays ; tant il est vrai que c'est la nature du Gouvernement qui épure ou vicie les institutions.

L'argent peut donc être suppléé ; et de là, pourtant, n'allons pas conclure qu'on peut le suppléer de la même manière dans un pays que dans un autre. Cette erreur a fait bien du mal dans presque tous les royaumes de l'Europe. Ajoutons que les moyens aussi qui étaient bons il y a un siècle, pourraient bien être mauvais, aujourd'hui qu'on a plus d'expérience.

L'argent est tour-à-tour cause et effet : il procure du travail, et le travail procure de l'argent; mais il a encore plus besoin des travailleurs que les travailleurs n'ont besoin de lui. Les individus vont le chercher, les nations laborieuses l'appellent, et il se rend à leurs ordres.

Tout ceci est vrai en théorie et à la longue : en pratique, le tems peut manquer à l'application.

Ainsi, nous avons à prévoir l'effet que va produire la diminution considérable de numéraire qui résultera, pour la France, des paiemens qu'elle a à faire à l'étranger. Il finira par nous revenir, quand la France voudra le rappeler par le travail; mais des crises peuvent arriver qui, d'ici là, tueraient la nation. Abrégeons, du moins, son état de langueur, et puisque nous devons en être réduits à la privation de la majeure partie de notre numéraire, combinons dès à présent, pour suppléer à la rareté d'argent, les moyens que tôt ou tard il nous faudra employer. Le prompt emploi de ces moyens diminuera le mal ; de plus, il le préviendra, et nous payerons l'étranger sans nous apercevoir que notre numéraire soit diminué.

CHAPITRE III.

Ce qu'il faut se proposer dans la combinaison d'un plan de finance.

Nous avons vu l'extrême misère des peuples et la pénurie d'argent au trésor ; de là, la nécessité de les faire cesser. Nous connaissons le revenu national, et savons quil n'est pas en proportion avec les charges publiques ; de là l'obligation de le ménager. Nous avons la certitude que la majeure partie de notre numéraire va passer à l'étranger ; et nous devons pourvoir aux moyens d'empêcher les funestes effets de cette exportation. C'est donc de ces quatre objets ensemble que nous avons à nous occuper. Notre plan de finance ne vaudrait rien s'il ne remédiait à tous les maux, s'il ne parait à tous les dangers.

En effet, que nous ne puissions pas payer l'étranger, il garde alors nos places fortes, fait encore une invasion en France, y renouvelle tous les maux de la guerre.

Que l'étranger soit désintéressé, ou qu'il nous donne des facilités ; mais que les rentiers et les pensionnaires ne soient pas payés, les villes et sur-tout Paris qu'habite cette classe d'hommes ne présentent plus alors que le spectacle de la misère.

Que les habitans des campagnes ne soient pas indemnisés des réquisitions et des pillages qu'ils ont essuyés, ce déni de justice achève de les plonger dans le désespoir, aliène leur cœur, et met la plupart d'entr'eux hors d'état de continuer leurs travaux. La misère des campagnes rejaillit sur les propriétaires, et de proche en proche sur toutes les classes de la société. Les denrées de première nécessité, devenues plus rares, renchérissent et commandent à chacun des privations pénibles. La consommation et conséquemment la reproduction des objets de manufactures citadines diminuent, ce qui augmente encore la misère et la rend commune à toutes les classes.

Que, dans la vue louable de ménager les peuples, on ne procure pas au trésor de quoi faire face aux dépenses publiques, comment seront payés les nombreux agens de l'administration? comment se fera la police? qui maintiendra dans l'intérieur l'ordre, la sûreté, la tranquillité?

Que l'on soit indifférent sur la sortie de notre numéraire, comment ferons-nous quand l'étranger nous en aura enlevé les deux tiers? Comment, laissés sans moyens de le lui repomper à l'aide du commerce, pourrons-nous avec le peu d'argent qui nous restera, entre tenir la circulation indispensable? Commen nous relèverons-nous, lorsque, par la raret de l'argent, l'intérêt aura encore augmenté lorsque le Gouvernement demandera en i pôts aux peuples, chaque année, plus qu'il n' aura de numéraire en France? A quel pr tombera la valeur vénale de nos immeubl tant avilis depuis deux ans? Et quel sera l' mour de la patrie dans un pays où celui q aura le plus à gémir sera le propriétaire?

On voit à combien de choses il faut pourvo à la fois.

Ainsi la question n'est pas, comme elle présente au premier coup-d'œil, de faire u budget, et de remplir le trésor à l'aide de no veaux impôts ou d'une augmentation d'i pôts.

Elle est de raviver le travail, car avec travail se recréera la matière imposable; av le travail cessera la misère des peuples, et i retrouveront les moyens de fournir au tréso avec le travail se supporteront sans pei toutes les charges publiques; avec le travai enfin, sera repompé le numéraire que no avons à fournir aux étrangers, et nous craindrons pas les effets de sa disparition.

Quand La Fontaine composait, il y a 120 ans, son ingénieuse fable du *Laboureur et ses Enfans*, il ne devinait guère qu'un jour viendrait où les besoins de la France feraient sentir la profonde moralité de sa fable, *que le travail est un trésor.*

Mais comment recréer le travail chez un peuple qui manque d'argent, et à qui l'on est obligé d'en demander? c'est ce que nous verrons par la suite. Nous devons nous borner ici à montrer en quoi consiste la question, et le but auquel nous tendons dans notre plan de finance.

CHAPITRE IV.

De la nécessité de coordonner le plan de finance avec le système général d'administration.

Un système de finances ne devant être qu'une partie du système général d'administration, il s'ensuit la nécessité de coordonner le plan de finances avec le principe constitutif du Gouvernement.

Tout est en harmonie dans la nature, tout doit y être dans un gouvernement. Au moral comme au physique, c'est le défaut d'harmonie qui amène la destruction. Le gouvernement absolu, la monarchie tempérée, la monarchie constitutionnelle sont peut-être indifférens par eux-mêmes. Ils deviennent bons ou mauvais, suivant qu'ils sont ou non en rapport avec les mœurs du peuple, l'état des lumières et de la civilisation, les influences du climat et de l'opinion; suivant que les différentes institutions y sont plus ou moins en harmonie entre elles et avec le principe constitutif du Gouvernement. C'est ce qu'a très-bien démontré l'auteur de *l'Esprit des Lois*, c'est ce qui explique la révolution, qui n'est arrivée que parce qu'il ne pouvait plus y avoir d'harmonie entre les lois faites dans les tems anciens, et les nouvelles opinions, les nouvelles mœurs établies par le progrès des lumières.

Mais si cela est incontestablement vrai, rien n'est plus nécessairement applicable que quand il s'agit de finances. Il serait contre l'ordre naturel que la marche générale du Gouvernement fût dans un sens, et que la marche particulière de l'administration des finances fût dans un autre. Par exemple, l'un des principes essentiels d'un gouvernement constitutionnel étant le respect pour les légitimes droits de chacun, l'harmonie serait blessée dans ce gouvernement par une loi, et à plus forte raison, par un système entier de finances qui sacrifierait les intérêts d'une classe de la société aux intérêts d'une autre classe. Dans un gouvernement absolu, cela ne serait pas, parce que nul autre que le prince n'a des droits, et que chacun doit toujours se sacrifier aux intérêts du maître, ou à ce qu'il déclare être son intérêt. Les banqueroutes continuelles qu'a faites Buonaparte pendant tout le cours de son administration forcée étaient contre l'ordre établi, et conséquemment injustes, parce qu'il avait promis de gouverner constitutionnellement. S'il s'était emparé de la France par droit de conquête, et qu'il n'y eût eu ensuite aucune capitulation, aucune charte entre lui et les peuples, ses banqueroutes n'eussent point été injustes, parce qu'il aurait eu le droit de disposer de la propriété de ceux qui étaient devenus sa propriété.

Les auteurs des différens projets de finance ne paraissent pas avoir senti cette vérité; chacun a proposé ses mesures, sans s'inquiéter si elles étaient en harmonie avec les principes de la Charte, pas plus qu'il ne s'informait s'il y avait assez d'argent en France pour payer tous les impôts qu'il conseillait de mettre.

Il n'est pas difficile d'improviser des mesures de finances et d'imaginer des impôts, quand on met de côté les principes et toute crainte des conséquences, et qu'on saute de l'idée du besoin d'argent à celle de s'en procurer, sans passer par les idées intermédiaires entre la première de toutes, celle du besoin d'argent, et la dernière, celle d'en trouver en n'employant que les moyens convenables.

Ce qui est bien, c'est de chercher, non pas en se torturant l'imagination, mais en parcourant toute la chaîne des idées, ce qui se déduira des principes, ce qu'ils enseigneront être à faire pour concilier ensemble l'intérêt général, l'intérêt de chacun, et la Charte.

Les ministres des finances ont sauté aussi par-dessus les idées intermédiaires. Il n'est pas étonnant que leurs travaux n'aient pas eu des résultats heureux.

Ni les uns ni les autres n'ont annoncé la volonté d'être justes et constitutionnels. Ils ont tous à l'envi consacré la plus grande injustice, en refusant dans leurs plans de finances d'indemniser les habitans des campagnes qu'ils savent bien avoir été les victimes des réquisitions et des pillages, et dont ils reconnaissent les incontestables droits à des indemnités.

Que des particuliers aient commis cette faute, tout en recommandant dans leurs écrits la bonne foi, la justice, le respect pour les engagemens, tout en prêchant de ménager les sources de la reproduction, à la rigueur, on conçoit leur inconséquence, quoiqu'il y ait à s'affliger de voir quel est l'esprit qui l'a dictée; mais qu'elle ait été commise consécutivement par les deux ministres des finances d'un Roi qui a donné une Charte constitutionnelle qu'ils ont juré d'exécuter; que la chambre des députés, chargée de défendre la Charte, ait partagé la faute; voilà, il faut l'avouer, ce que l'on ne peut expliquer.

CHAPITRE V.

Si le Gouvernement est constitutionnel.

Nous ne pouvons douter que le Gouvernement ne soit constitutionnel; car le Roi a donné la Charte. Or, puisqu'il l'a donnée, c'est qu'il a eu le pouvoir et la volonté de la donner; il doit avoir le pouvoir et la volonté de la faire exécuter.

Cependant on ne niera pas que les choses sont loin de marcher comme elles devraient aller dans un Gouvernement constitutionnel: témoin, entre autres choses, la banqueroute faite aux créanciers de l'arriére; témoin le refus d'indemniser les habitans des campagnes, qui est aussi une banqueroute à leur égard; car leurs droits sont incontestables, et tout le monde l'avoue.

Il ne peut échapper aux yeux de personne qu'il y a deux partis puissans en France qui veulent également avec force l'un la Charte et l'autre l'ancien Gouvernement. Il n'est que trop certain que dans tous les actes de l'administration, comme dans les discussions des chambres, particulièrement de la dernière Chambre des députés, il y a eu un mélange bien remarquable des principes et des idées du gouvernement constitutionnel avec ceux de la monarchie pure, qui luttent opiniâtrément ensemble, et ont tour-à-tour l'avantage l'un sur l'autre.

Malgré tout cela, nous persistons à dire que le Gouvernement est constitutionnel, que la Charte finira par être véritablement exécutée, parce que le Roi est appuyé dans sa volonté par l'opinion publique, parce que ce genre de gouvernement est le seul qui puisse convenir à la France, dans la disposition actuelle des esprits.

CHAPITRE VI.

Ce qu'il faudrait faire en finance si l'on ne voulait pas exécuter la Charte.

Mais, enfin, si le parti qui veut la monarchie pure l'emportait, et que l'immense majorité des Français qui soupire après l'exécution de la Charte fût trompée dans son espérance, quelles seraient les mesures financières à prendre?

Si la lutte qui existe et qu'il faut regarder comme le plus grand malheur, parce qu'elle empêche de s'occuper du sort des peuples comme il le faudrait (chacun ne songeant qu'à faire triompher son parti), si, disons-nous, cette lutte devait se terminer par l'adoption de la monarchie pure, le plan de finance serait bien simple, ou plutôt il n'y en aurait pas à faire. On aurait eu raison de ne vouloir qu'un budget. On le ferait pour l'année, et l'on en remplirait la recette par les impôts qu'on voudrait (avec la seule attention d'en soigner les dénominations), ou bien par des créations de rentes qui ne seraient vraiment que des emprunts déguisés, puisque ces rentes nouvelles grèveraient l'Etat. On renouvellerait ainsi le budget année par année, jusqu'à ce que la France fût débarrassée de l'étranger. Les ministres prendraient après, vis-à-vis des créanciers nationaux, le parti qu'ils jugeraient à propos. Tout serait bien, pourvu que tout fût dans l'intérêt du Prince, parce que dans une monarchie pure, l'Etat, c'est le Roi. Tout doit se rapporter au Roi, et au Roi seul; ses sujets sont sa propriété. Il a droit de disposer d'eux, de leurs biens, de leur vie, de leurs pensées, de l'objet de leurs plus chères affections, de subjuguer leur raison même. Ils sont pour sa gloire; ils ne murmureraient pas; ils n egémiraient pas sans se rendre criminels. Ils doivent se soumettre en adorant, *parce qu'il est des mystères de gouvernement comme des mystères de religion.* Ce n'est qu'à Dieu dont il est le représentant sur la terre, que le Roi doit compte de sa conduite. Ils lui doivent, eux, non pas seulement l'obéissance, comme dans la monarchie constitutionnelle, mais leur amour, et leur amour le plus aveugle.

Nous ne devons pas dissimuler qu'il nous paraît impossible que cet ordre de choses n'aboutisse pas, après avoir prolongé la misère des peuples, à une banqueroute aux nationaux, parce que les peuples ne pourront pas supporter l'énormité des charges, lesquelles s'aggraveront de plus en plus, tandis que d'un autre côté la misère publique augmentera encore de jour en jour, si tant est qu'elle ne soit pas au comble.

Toute l'habileté des ministres consistera à reculer le plus possible la banqueroute, pour la renvoyer à leurs successeurs, et à la déguiser ou la justifier de leur mieux, quand on ne pourra plus se dispenser de la faire.

CHAPITRE VII.

Des Principes d'administration financière à adopter dans le régime constitutionnel.

Le principe du gouvernement constitutionnel est l'intérêt général; tout doit s'y rapporter, comme tout se rapporte à l'intérêt seul du prince dans une monarchie absolue ou dans une monarchie tempérée seulement par les mœurs et les usages. *Si veut le Roi, si veut la loi*, est la maxime de ces deux derniers gouvernemens : celle de la monarchie constitutionnelle est que la loi est l'expression de la volonté générale, c'est-à-dire, qu'elle exprime ce que réclame l'intérêt général.

Il dérive pour premiers corollaires du principe le besoin d'être juste envers tous, de ne sacrifier aucun intérêt particulier à un autre intérêt particulier, l'obligation de respecter de bonne foi les légitimes droits de chacun, la nécessité pour le prince de reconnaître la loi et de la faire exécuter, et pour le législateur de céder à l'intérêt général qui est pour lui dans ce gouvernement la souveraine raison.

En matière de finances et d'impôts, les principes particuliers qui découlent du principe primordial, sont que le gouvernement ayant pour objet la conservation de l'Etat, qui n'est pas le prince tout seul, il faut ménager les peuples : qu'ainsi l'impôt ne doit pas excéder le montant des charges publiques absolument nécessaires ; qu'il ne doit pas entamer les capitaux parce qu'il tarirait les sources de la reproduction ; qu'il n'est qu'une portion du revenu national, et que le paiement ne doit pas en être exigé d'avance comme l'est maintenant celui de la contribution foncière ; qu'ainsi donc (contrairement à ce qui s'est pratiqué jusqu'à ce jour, contre la raison, la justice, l'intérêt général), la première chose à faire, quand il s'agit d'impôts, est de savoir ce que les peuples peuvent en supporter, pour subordonner ensuite la dépense à la recette.

Ces principes sont gênans, sans doute ; mais

c'est parce qu'ils n'étaient pas applicables dans notre ancienne monarchie, et qu'ils ont toujours été violés sous nos prétendues constitutions, que la France est arrivée où elle en est; et c'est parce que la tentation de les violer peut reprendre encore, qu'il faut les établir d'une manière inviolable, sous la garantie de la Charte et la responsabilité personnelle des ministres. Ainsi, tout ministre des finances pourra être attaqué pour cause d'inconstitutionnalité, s'il n'a pas fait précéder son projet de budget du tableau des revenus présumés de la nation, afin de mettre les Chambres en état de décider en connaissance de cause; et tous écrits sur ce tableau de revenus, comme sur la situation des finances, pourront être publiés, malgré la suspension de la liberté de la presse, sauf la prise à partie contre les auteurs dans les cas y échéant.

Ne conviendrait-il pas aussi de déterminer constitutionnellement quelle quotité du revenu foncier net la contribution foncière ne pourra jamais dépasser, et de rendre le ministre des finances responsable personnellement de toute proposition contraire à l'exécution de cette disposition? L'assemblée constituante avait pensé que le *maximum* de la contribution foncière ne devait pas dépasser le cinquième du revenu net; et faute de mesures d'exécution, il a été porté successivement à plus du tiers en masse de toutes les propriétés, et particulièrement, pour beaucoup de propriétés, à plus de la moitié, dans les cantons sur-tout où sont situées les forêts domaniales, parce que ces forêts se trouvant exemptes de contributions foncières, ce qu'elles devraient en supporter se trouve porté en surcharge sur les autres biens du canton. On pourrait fixer le *maximum* de la contribution foncière au cinquième du revenu net, y compris les centimes additionnels et les frais de perception.

Il est encore des principes subséquens en matière d'administration financière, et ces principes, les voici :

Le Gouvernement, en tant qu'il est débiteur, est soumis aux mêmes règles de justice que les particuliers ; il n'oppose point la raison d'état, parce que la première raison d'état est la justice.

Un ministre ne peut refuser à aucun créancier de son administration (sous peine de prise à partie) la liquidation de ses créances.

La loi de compensation de liquide à liquide reçoit son exécution vis-à-vis du Gouvernement comme entre les citoyens, et toute créance sur lui est supposée liquide, si le créancier justifie à la cour des comptes, juge compétent en cette matière, que le retard de liquidation provient de l'administration seule.

Aucun marché passé avec le Gouvernement ne peut être résilié sous le seul motif qu'il lui est onéreux; mais le Gouvernement a son recours pour le dommage qu'il en éprouve contre l'administrateur qui l'a souscrit.

En toute matière d'administration, le déni de justice, l'abus de pouvoir, comme la concussion, peuvent être poursuivis contre quelque agent de l'autorité que ce soit. La faveur du prince accompagne l'administrateur qui respecte les principes; la disgrâce est le prix de celui qui les viole, fût-ce même dans l'intérêt du fisc.

CHAPITRE VIII.

Que la prospérité de la France doit être fondée sur la prospérité de son agriculture.

La misère des peuples et la pénurie d'argent au trésor ne sont pas nouvelles en France; elles datent de bien loin.

Le luxe d'une cour n'est pas une preuve de

richesse dans la nation ; il n'est souvent, au contraire, que l'indice ou même la cause de sa détresse.

La grande opulence, réelle ou apparente, qui règne à Paris dans un petit nombre de maisons, ne prouve rien non plus. Mettez de côté la vingtième partie des habitans de Paris et des villes, dans laquelle vous trouverez de la richesse ou de l'aisance, le reste vit au jour la journée, inquiet s'il aura du travail le mois, la semaine, ou peut-être même le jour qui va suivre. Dans les campagnes, ce n'est pas même la vingtième, c'est au plus la centième partie de la population qui a l'heureux privilége de n'être pas tourmentée de la crainte de mourir de misère. Or, la population des villes n'est guère en France que le sixième de la population générale; en sorte qu'on peut établir que la richesse ou l'aisance se trouve circonscrite entre deux cent mille habitans des villes, et environ autant d'habitans des campagnes, en tout quatre cent mille personnes. Plus de vingt quatre millions d'individus ont toujours attendu en France après le pain de la journée.

Quant à la pénurie d'argent, si l'on en excepte quelques périodes de tems fort rares, comme celle de l'administration de Sully, cette pénurie d'argent dans le trésor a presque toujours existé en France; c'est d'elle aujourd'hui qu'on excipe, pour faire, au mépris d'une Charte si solennellement, si récemment jurée, banqueroute de 5 à 600 millions aux créanciers de l'arriéré, et aux habitans des campagnes déjà si malheureux. Mais Buonaparte a allégué aussi la pénurie d'argent au trésor, pour faire de continuelles banqueroutes pendant chacune des quatorze années de son administration. C'est aussi sous la même raison de besoin d'argent que 16 à 1700 millions avaient été empruntés depuis la première entrée de M. Necker à l'administration des finances jusqu'à l'époque de la révolution où a éclaté l'effroyable banqueroute qui devait être la suite de ces emprunts. Toutes celles qui ont été faites par l'abbé Terray et autres contrôleurs-généraux sous Louis XV, l'ont été parce que le Roi manquait d'argent. La banqueroute de Law a été produite par les besoins continuels d'argent qu'avait éprouvés Louis XIV pendant les dernières années de son règne, à partir presque de la mort de Colbert. En tout tems donc la pénurie d'argent s'est fait sentir.

Cependant, sous Buonaparte on prétendait qu'aller pillant et ravageant ses voisins, c'était enrichir la nation, et que tout le numéraire de l'Europe affluerait chez nous; on vantait beaucoup, dans les années qui ont précédé la révolution, les richesses que nous procuraient nos colonies; il n'avait été bruit auparavant, et sous Louis XV, que des bénéfices que faisait la nation dans le commerce des Indes; sous Louis XIV, que de la gloire et de la prospérité de la France; dans tous les tems, que des gains considérables que faisaient nos manufactures par notre système de prohibitions de marchandises étrangères.

Ce ne sont donc ni les conquêtes, ni le commerce lointain, ni le luxe des cours, ni la possession de colonies, ni le monopole assuré aux manufacturiers sur leurs concitoyens, qui enrichissent une nation et remplissent le trésor.

Qu'est-ce donc, et pourquoi sommes-nous si misérables, quand dans toutes ces occasions on nous a si hautement assurés que la France allait devenir la plus riche de toutes les nations?

C'est que toutes ces choses dont on attendait de si grands avantages ne se rapportaient qu'à un très-petit nombre d'individus, sans que la masse de la nation en profitât, et qu'il n'y a de vraiment bon que ce qui profite à tous; c'est que la richesse n'étant que le fruit du travail, la grande richesse ne peut provenir que du travail du grand nombre; c'est qu'il n'y a pas de travail plus productif que celui appliqué à la culture des terres dans un pays essentiellement agricole comme la France; que la source des richesses ne pouvait donc être que peu abondante chez un peuple où l'on s'était fait un système d'enlever les moyens de travail au plus grand nombre, et de sacrifier à quelques manufactures particulières la manufacture par excellence, celle de la culture qui occupe cinq fois plus de bras que toutes les autres ensemble, dont les travaux, malgré le peu d'énergie qu'on leur laisse, produisent cependant cinq fois plus que toutes les autres ensemble, et qui seule est en possession de créer les subsistances nécessaires à la vie de l'homme et de tous les animaux domestiques, et les matières premières de toutes les manufactures.

Dans cette lutte continuelle, où nos fausses institutions ont engagé les différentes classes de la société les unes contre les autres, tandis qu'elles auraient dû réunir tous leurs efforts en faveur du bien commun, chacune des classes citadines obtenait tour-à-tour des grâces, des faveurs, des priviléges qui leur procuraient des indemnités plus ou moins considérables. La classe des habitans des campagnes était la seule qui n'en obtint jamais; tous les priviléges obtenus par les autres classes pesaient en définitif sur elle ; elle seule payait tous les frais de la guerre intestine : c'était l'enfant déshérité, ou plutôt on n'imaginait pas dans les villes que l'homme des champs fît partie de la grande famille ; mais on ne trahit jamais impunément le vœu de la nature ; les hommes sont faits pour s'entr'aider et non pour se combattre. Quand on a tué ce qui nous aidait à vivre, il faut périr à son tour.

Sully est le seul de nos ministres des finances qui ait senti de quelle importance était l'agriculture pour la France, et qu'il fallait en faire la base de la prospérité publique. *Labourage et pâturage sont les deux mamelles de l'Etat*, était son adage favori. Le fruit de ses excellens principes fut que Henri IV réduisit les impôts de 29 millions à 26, qu'il éteignit en outre pour 7 millions de rentes, et laissa à sa mort 15 millions dans les coffres de l'Etat, somme considérable pour le tems. Heureuse la France, si elle eût toujours été régie sur ces principes modérés et solides !

Malheureusement Colbert en adopta de tout opposés ; les siens étaient trop brillans ; ils flattaient trop l'imagination ; ils favorisaient trop l'arbitraire pour n'être pas suivis, et ils le furent.

Dédaignant l'agriculture, Colbert crut devoir encourager les manufactures aux dépens de la grande manufacture des blés, et il voulut qu'elle abandonnât ses produits au plus bas prix, pour que les autres pussent d'autant plus fleurir. « Non-seulement (dit Smith, traduc-
» tion de Garnier), non-seulement il était
» porté, comme les autres ministres de l'Eu-
» rope, à encourager l'industrie des villes par
» préférence à celle des campagnes, mais en-
» core, dans la vue de soutenir l'industrie
» des villes, il voulait même dégrader et tenir
» en souffrance celle des campagnes; pour
» procurer aux habitans des villes le bon
» marché des vivres, et encourager par-là les
» manufactures et le commerce étranger, il
» prohiba totalement l'exportation des blés,
» et, à ce moyen, ferma aux habitans des
» campagnes tous les marchés étrangers pour
» la partie, sans comparaison, la plus impor-
» tante du produit de leur industrie. »

Colbert ne s'en tint pas là ; il avait élevé les manufactures des villes sur les ruines de la manufacture des campagnes ; il créa, il éleva le commerce des Indes au détriment des manufactures françaises, conséquent du moins dans des principes dont les résultats devaient montrer toute l'inconséquence.

« Enfin Colbert entreprit en 1664, dit » Raynal, de donner le commerce des Indes » à la France. Cette liaison avec l'Asie présen- » tait de grands inconvéniens : elle ne pouvait » guère procurer que des objets de luxe ; elle » retardait le progrès des arts qu'on travaillait » à établir si heureusement ; elle ne procurait » que peu de débouchés aux denrées, aux » manufactures nationales ; elle devait occa- » sionner une grande exportation de métaux. » Des considérations de cette importance » étaient bien propres à faire balancer un » administrateur dont les travaux n'avaient » pour but que d'étendre l'industrie, que de » multiplier les richesses du royaume ; mais, » à l'exemple des autres peuples de l'Europe, » les Français montraient un goût décidé pour » les superfluités de l'Orient. »

Manufactures nationales, commerce des Indes, possession de colonies, que de causes de prospérités et de richesses ! s'écriait-on de toutes parts.

Eh bien, tout le résultat du système de Colbert fut qu'il tierça les impôts que Sully avait diminués d'un dixième (car il les éleva de quatre-vingt-quatre millions deux cent vingt-deux mille quatre-vingt-seize livres à cent seize millions huit cent soixante-treize mille quatre cent soixante-seize livres) ; fut qu'il créa de nouvelles charges et de nouvelles dettes, quand Sully en avait éteint pour sept millions par an ; et qu'au lieu de laisser une réserve considérable dans le trésor, il prépara la détresse qui se manifesta dans les finances peu d'années après sa mort ; fut enfin qu'à la place de l'aisance que le bon Henri voulait répandre dans le peuple des campagnes, Colbert y apporta la désolation, la misère et les vexations de tout genre.

Nouvelle preuve de fait ajoutée à celles que j'ai déjà fournies, que l'agriculture doit être en France la principale source de la prospérité publique. Oui, l'agriculture, qu'elle fleurisse, et à sa suite fleuriront toutes les industries manufacturières et commerciales ; qu'on la fasse languir, et toutes les autres industries finiront par languir et se dessécher. La place que doivent occuper les choses ne dépend point de la volonté humaine, elle tient à leur nature même. Qu'on ne force rien, et tout prospérera : mais nous ne pouvons mieux présenter ces importantes idées qu'en empruntant la plume d'un de nos écrivains les plus éloquens et les plus profonds sur la matière que nous traitons. Nous citons donc encore Raynal.

« Tout, dit-il, dépend et résulte de la cul-

» ture des terres; elle fait la force intérieure » des Etats; elle y attire les richesses du de- » hors. Toute puissance qui vient d'ailleurs » que de la terre est artificielle et précaire, » soit dans le physique, soit dans le moral. » L'industrie et le commerce qui ne s'exercent » pas en premier lieu sur l'agriculture d'un » pays, sont au pouvoir des nations étran- » gères qui peuvent ou les disputer par ému- » lation, ou les ôter par envie, soit en éta- » blissant la même industrie chez elles, soit » en supprimant l'exportation de leurs ma- » tières en nature, ou l'importation de ces » matières en œuvre; mais un Etat bien défri- » ché, bien cultivé, produit les hommes par » les fruits de la terre, et les richesses par les » hommes. Ce ne sont pas les dents du dragon » qu'il sème pour enfanter des soldats qui se » détruisent, c'est le lait de Junon qui peuple » le ciel d'une multitude innombrable d'é- » toiles.

» Le Gouvernement doit donc sa protec- » tion aux campagnes plutôt qu'aux villes. Les » unes sont des mères et des nourrices tou- » jours fécondes; les autres ne sont que des » filles souvent ingrates et stériles. Les villes » ne peuvent guère subsister que du superflu » de la population et de la reproduction des

» campagnes. Les places mêmes et les ports de » commerce qui, par leurs vaisseaux, sem- » blent tenir au Monde entier, qui répandent » plus de richesses qu'ils n'en possèdent, n'at- » tirent cependant tous les trésors qu'ils ver- » sent qu'avec les productions des campagnes » qui les environnent. C'est donc à la racine » qu'il faut arroser l'arbre. Les villes ne se- » ront florissantes que par la fécondité des » champs.

» Mais cette fertilité dépend moins encore » du sol que de ses habitans. Quelques con- » trées, quoique situées sous le climat le plus » favorable à l'agriculture, produisent moins » que d'autres en tout inférieures, parce que » le Gouvernement y étouffe la nature de » mille manières. Partout où la nation est at- » tachée à sa patrie par la propriété, par la » sûreté de ses fonds et revenus, les terres » fleurissent et prospèrent; partout où les pri- » viléges ne seront pas pour les villes, et les » corvées pour les campagnes, on verra chaque » propriétaire, amoureux de l'héritage de ses » pères, l'accroître et l'embellir par une cul- » ture assidue, y multiplier les enfans à pro- » portion de ses biens, et ses biens à propor- » tion de ses enfans.

» L'intérêt du Gouvernement est donc de

» favoriser les cultivateurs avant toutes les » classes de la société ; ils méritent la préfé- » rence, même sur les manufactures et les arts, » soit mécaniques, soit libéraux. Honorer et » protéger les arts de luxe sans songer aux » campagnes, source de l'industrie qui les a » créés et les soutient, c'est oublier l'ordre » des rapports de la nature et de la société. » Favoriser les arts et négliger l'agriculture, » c'est ôter les pierres des fondemens d'une » pyramide pour en élever le sommet.

» Un gouvernement sage ne saurait donc, » sans se couper les veines, refuser ses pre- » mières attentions à l'agriculture. Le moyen » le plus prompt et le plus actif de la secon- » der, c'est de favoriser la multiplication de » toutes les espèces de productions par la cir- » culation la plus libre et la plus illimitée.

» Une liberté indéfinie dans le commerce » des denrées rend en même tems un peuple » agricole et commerçant ; elle étend les » vues du négociant sur la culture ; elle lie » l'un à l'autre par des rapports suivis et » continus. Tous les hommes tiennent en- » semble aux campagnes et aux villes. Les » peuples se connaissent et se fréquentent. La » circulation des denrées amène vraiment l'âge » d'or, où les fleuves de lait et de miel coulent

» dans les campagnes. Toutes les terres sont » mises en valeur. Les prés favorisent le la- » bourage par les bestiaux qu'ils engraissent ; » la culture des blés encourage celle des vins, » en fournissant une subsistance toujours as- » surée à celui qui ne sème ni ne moissonne, » mais plante, taille et cueille.

» Prenez un système opposé. Entreprenez » de régler l'agriculture et la circulation de » ses produits par des lois particulières. Que » de calamités ! L'autorité voudra non-seule- » ment tout voir, tout savoir, mais tout faire, » et rien ne se fera. Les hommes seront con- » duits comme leurs troupeaux et leurs grains ; » ils seront ramassés en tas et dispersés au gré » d'un despote, pour être égorgés dans les » boucheries de la guerre, ou pour dépérir » inutilement sur les flottes et dans les colo- » nies. La vie d'un Etat en deviendra la mort. » Ni les terres, ni les hommes ne pourront » prospérer ; et les Etats marcheront à leur » dissolution, à ce démembrement qui est » toujours précédé du massacre des peuples » et des tyrans. Que deviendront alors les » manufactures ? »

Ne dirait-on pas que Raynal a peint la France dans les derniers momens de l'administration de Buonaparte? Raynal ne songeait qu'à peindre les effets du funeste système de Colbert, où le droit naturel et la justice sont également blessés, où tous les priviléges sont pour les villes, et toutes les charges pour les campagnes; où les misères se montrent d'un côté, et les jouissances s'étalent de l'autre; où la force et la ruse combattent au nom de la loi en faveur de l'avidité, où les prétentions de quelques-uns étouffent les droits de tous contre les inutiles réclamations de tous, où des germes d'une envie légitime sont semés entre les citoyens, et de guerres interminables entre les peuples; de ce système enfin de monopole, de barrières, de douanes, pour le maintien duquel il faut que le quart de la population mâle des villes s'emploie à entraver l'industrie générale, et que les peuples se décident à s'entre-détruire, s'entr'égorger continuellement d'un bout de la terre à l'autre. Bon Henri! qu'est devenu ce projet de paix perpétuelle que tu voulais établir en Europe à l'aide du système de ton sage ami!

Reconnaissons donc que les faits et le raisonnement, la pratique et la théorie, s'accordent pour proclamer les vices du système de Colbert; qu'il y faut renoncer, en revenir à celui de Sully dont les effets ont été si heureux pendant le peu de tems qu'il a été suivi, et que c'est sur la prospérité de l'agriculture qu'il faut enfin songer à fonder la prospérité de la France.

Mais en reconnaissant cette importante vérité, gardons-nous de précipitation à vouloir la mettre en pratique, et n'oublions pas que nous avons d'abord à y préparer les peuples. On les jette facilement dans le chemin de l'erreur; que d'efforts il faut souvent pour les en faire sortir!

CHAPITRE IX.

De la nécessité d'indemniser les habitans des campagnes.

CETTE nécessité résulte de celle d'être juste, d'exécuter la Charte, de raviver les travaux, de fonder la prospérité de la France sur la prospérité de son agriculture.

Personne ne révoque en doute la justice de ces indemnités; elles sont dues pour les réquisitions et les pillages de tout genre qu'ont éprouvés les habitans des campagnes. C'était pour la cause de la défense commune, c'était dans la vue de diminuer les maux de la patrie; l'universalité des citoyens doit donc les supporter, et non la classe seule des cultivateurs.

Qu'on suppose qu'entraînés par le désespoir, ils eussent voulu se soustraire aux réquisitions et aux pillages : leur résistance alors aggravait les maux, la violence s'étendait de tous côtés, arrivait jusqu'aux villes ; le pillage, la désolation devenaient générales, et la France entière succombait : tous ces maux ont été évités par la résignation des habitans des campagnes.

Le monarque le plus absolu qui croirait que sa justice se réduit à de la bienveillance pour des sujets à qui il ne doit rien, n'aurait pas manqué, à-coup-sûr, d'écouter les réclamations des cultivateurs, et il y aurait fait droit, à l'aide de contributions générales mises sur ses peuples, bien sûr que, partagées entre tous, elles n'écraseraient personne, tandis qu'au contraire les cultivateurs succomberaient sous le poids de leurs pertes, si on ne les soulageait.

Par quelle bizarre fatalité arrive-t-il donc que, dans un gouvernement constitutionnel, dans un gouvernement fondé sur le respect des légitimes droits de chacun, où tous ont intérêt à ce qu'aucun ne reçoive une injure, les droits des malheureux cultivateurs soient laissés dans un oubli si dédaigneux ?

On fait ici non pas seulement une injustice partielle qui serait perdue au milieu d'une foule d'autres, on fait une injustice qui affecte une grande partie de la population de la France, de la partie la plus laborieuse, de celle dont les travaux sont vraiment indispensables.

On fait bien plus encore : on commet l'inconstitutionnalité la plus prononcée, dans un moment où il est si dangereux de violer la Charte ; on fausse le serment qu'on lui a prêté, on donne l'exemple du mépris des droits, on renforce l'égoïsme qui fait déjà des ravages si funestes, enfin on sème chez tous l'inquiétude d'éprouver à leur tour les effets de l'injustice, puisqu'il n'y a ni Charte, ni principe capables d'arrêter.

Quand Buonaparte voulut faire le premier essai des banqueroutes annuelles qu'il méditait, il commença par les fournisseurs, pensant bien que les autres classes se riraient de leurs maux, par lesquels elles croiraient ne pouvoir être atteintes. Elles n'y manquèrent pas ; mais bientôt, frappées aussi à leur tour, elles apprirent à leurs dépens que l'indifférence pour les malheurs d'autrui fait arriver jusqu'à soi la série des injustices dont on se croyait le plus à l'abri. Le peuple si souvent trompé est plus attentif aujourd'hui à ce qui se passe autour de lui, qu'il ne l'a jamais été. S'il voit le gouvernement des Bourbons agir sur les mêmes principes que celui de Buonaparte, il entrera en défiance, il craindra le retour des maux qu'il a éprouvés ; il obéira sans doute, mais il n'aimera point. Or, c'est de l'amour des Français qu'ont toujours vécu nos princes légitimes. La génération nouvelle, qui ne les connaissait point, n'a vu d'abord en eux que les ennemis de son ennemi ; qu'elle y voie les amis du peuple, à la place de qui la dévorait ; qu'elle trouve enfin assis sur le trône la bonne foi, la justice, la loyauté.

Il faut donc, par la nécessité d'être juste et constitutionnel, revenir sur la conduite tenue envers les habitans des campagnes, et se déterminer à les indemniser.

Que si l'on ne le fait pas, ce sera donner à entendre qu'on ne veut pas de la Charte ; car ce serait ne pas en vouloir que de ne pas l'exécuter ; mais alors, il serait préférable de le dire franchement, pour couper court à ces incertitudes d'esprit, qui tiennent toutes les affaires en suspens, et font mourir la France d'atonie ; pour consoler les peuples on leur fera comprendre que toujours la bonté du monarque leur tiendra lieu de justice, puisqu'ils seront toujours ses enfans. Cela vaudra mieux que d'être dans une continuelle succession d'injustices et d'inconséquences, que de parler dans un sens, et d'agir dans un autre, que de reconnaître ses engagemens, et de ne pas les remplir.

Mais non : cela ne sera pas. Le Roi a donné la Charte, il la veut ; elle sera exécutée, puisque sa seule volonté suffit pour qu'elle le soit.

Ajoutons aux motifs d'indemniser les campagnes, tirés de la nécessité d'être juste, et d'exécuter la Charte, ceux de raviver les travaux, et de fonder désormais la prospérité de la France sur la prospérité de l'agriculture. Nous n'aurons pas besoin d'appuyer ces derniers motifs de beaucoup de développemens.

N'est-il pas évident en effet que les travaux ne languissent dans les campagnes que faute de moyens pécuniaires? Elles en ont toujours été privées par l'application des principes du système de Colbert. Presque tous les capitaux en France se sont toujours portés aux manufactures citadines et au commerce (et aujourd'hui, elles ne vont guère qu'à l'agiotage); une très-petite partie s'en arrêtait à la grande manufacture des champs. Les Anglais nous reprochent, avec raison, de ne pas savoir employer de capitaux à la mise en valeur de nos terres. Suivant Arthur-Young, il faudrait plus de dix milliards pour que les capitaux, fixés dans l'exploitation des terres en France, atteignissent le niveau des capitaux qui en Angleterre sont employés à l'agriculture.

Mais il suffit de comparer les dépenses que font nos cultivateurs et nos simples marchands en détail dans l'exercice de leurs professions respectives. Ceux-ci, aujourd'hui, n'hésitent pas à mettre 30 ou 40 mille francs, quelquefois plus, pour décorer leurs magasins ou leurs boutiques, tandis que nos cultivateurs, nos propriétaires eux-mêmes, ne pourraient mettre deux mille écus pour faire dans les fermes et autres biens ruraux, nous ne disons pas des améliorations qui produiraient de grands avantages, mais même des réparations indispensables. Aussi les boutiques et les magasins brillent de tout l'étalage d'un vain luxe; et les bâtimens de nos fermes tombent en ruines. Nos chevaux, qui ne peuvent suffire à tous les travaux, succombent épuisés de fatigue; nos bestiaux, déjà en trop petit nombre, dépérissent faute d'une nourriture suffisante; et nos champs, rongés d'herbes parasites, que le défaut de culture a laissés croître, ne rendent plus que de chétives récoltes, qui attestent la misère des campagnes, et préparent celle des villes. Qu'il s'agisse de représenter dans un tableau l'intérieur d'une ferme française, le peintre qui y réussira le mieux, sera celui qui peindra le plus de désordre, de débris, de haillons et de guenilles.

Les trop faibles moyens de travail qu'avaient nos cultivateurs leur ont été enlevés par les réquisitions et les pillages. En les indemnisant, on leur rendra ces moyens, on fera renaître chez eux l'espérance, ils reprendront leurs travaux : bien assurés dès-lors qu'on leur portera intérêt, qu'on respectera à l'avenir leurs justes droits, ils ne se borneront pas à réparer les dégâts faits chez eux ; ils s'élanceront dans une sphère d'activité et d'industrie, dont les premiers ils recueilleront les fruits, mais dont la société tout entière ne tardera pas à profiter. C'est alors que commencera une nouvelle ère, qui sera vraiment celle de la prospérité publique, et dont le Gouvernement pourra dater comme de l'époque la plus glorieuse et la plus utile.

CHAPITRE X.

De la nécessité de revenir sur le mode de liquidation adopté à l'égard des Créanciers de l'arriéré.

Les raisons tirées du besoin d'être juste, d'exécuter la Charte, de raviver les travaux, se présentent encore ici pour démontrer la nécessité de revenir sur la liquidation des créances de l'arriéré, et il s'y joint de plus une raison politique particulière.

Bien sûrement les effets de la misère des campagnes, si on ne la fait cesser en venant au secours de leurs habitans, seront les plus désastreux pour les peuples ; mais ceux de la gêne qu'éprouvent les créanciers de l'arriéré, lesquels habitent presque tous Paris et les villes, et de la ruine même de la plupart d'entr'eux, se feront sentir d'une manière bien plus directe, bien plus vive, bien plus marquée. En effet, dans les campagnes les habitans vivant isolément, souffrent, pour ainsi dire, dans leur coin. Comme ils n'ont que de loin en loin des occasions de réunion, ils ne peuvent que rarement se communiquer leurs peines ; elles n'en sont pas moins cuisantes, mais elles sont concentrées. Il n'en est pas de même dans les villes, où les communications sont de tous les jours. C'est là que les actes s'apprécient, que les droits se discutent, que les injustices se jugent, que les opinions se forment, et qu'on dit tout haut : C'est 40 pour cent qu'on nous fait perdre par ce mode de paiement en obligations : se pourrait-il que sous le gouvernement des Bourbons, les créanciers de l'Etat éprouvassent une perte aussi forte ? Nous ne pouvons pas vous payer, disent les créanciers de l'arriéré à leurs créanciers ; le Gouvernement nous a fait éprouver une perte de quarante pour cent : il faut que vous attendiez, disent à leur tour ces créanciers aux leurs, car nous ne touchons rien de nos débiteurs qui étaient créanciers de l'arriéré, et qui, vous le savez bien, perdent quarante pour cent : Nous ne pouvons plus vous faire travailler, disent-ils tous, aux nombreux ouvriers qu'ils employaient. Le dommage que nous fait le budget paralyse tout, arrête toute industrie, suspend toute affaire. Eh! comment ferons-nous donc pour vivre ? s'écrient ces derniers. C'est au Gouvernement qu'on impute la cessation du travail. On dit qu'il fait perdre quarante pour cent aux créanciers de l'arriéré. On nous avait bien assurés cependant que la Charte constitutionnelle rendrait désormais les engagemens sacrés. Ainsi, chacun gémit, se plaint et murmure. Mais tandis que, sensible à sa seule misère, chacun rapporte tout à soi, les gens qui réfléchissent savent que toute cause a des effets inévitables ; ils voient que la cessation générale des travaux empêchant la reproduction des richesses qui remplaceraient celles de la consommation journalière, va étendre de plus en plus la détresse, et faire arriver la misère des individus jusqu'au Gouvernement lui-même, qui finira, comme eux, par se trouver sans ressources ; et, le cœur navré de douleur, ils se disent : « Un mauvais génie a donc conjuré la » perte de la France ! »

Est-il nécessaire maintenant de revenir sur le mode de liquidation adopté à l'égard des créanciers de l'arriéré ?

CHAPITRE XI.

De l'obligation de liquider la France, résultante de la Charte, et particulièrement de l'article 70.

L'ARTICLE 70 de la Charte est ainsi conçu : « La dette publique est garantie ; toute espèce » d'engagement pris par l'Etat avec ses créan- » ciers est *inviolable.* » Cet article établit l'obligation d'assurer d'une manière irrévocable le paiement de tous les engagemens contractés par l'Etat, c'est-à-dire, de liquider la France ; et la violation que la dernière Chambre des députés a faite de cet article montre d'autant plus la nécessité de procéder sans retard à cette liquidation générale, quand, d'ailleurs, le besoin d'assurer la tranquillité de la France ne conseillerait pas de le faire.

En effet, quelle garantie peut-il y avoir que la Charte une fois violée, ne le sera pas encore, et autant de fois qu'on le voudra? On dit que la position financière de la France est telle qu'il faudrait de grands sacrifices pour en sortir; mais on ne peut pas se dissimuler que les embarras actuels augmenteront de jour en jour, si l'on n'y met fin; plus donc on avancera, et plus on se trouvera embarrassé; plus on suivra, dans l'administration financière, les faux erremens qu'on vient d'adopter. A la violation qu'on vient de faire de la foi publique succèderont donc de nouvelles violations? L'article 70 de la Charte ne sera donc jamais exécuté? Les engagemens pris par l'Etat ne seront donc jamais respectés? Il y aura donc de continuelles banqueroutes? Quand on parviendrait à montrer qu'il n'y a aucun moyen de s'en abstenir; que la cause première en est dans les fautes du gouvernement de Buonaparte, l'odieux n'en retombera pas moins sur le gouvernement actuel; l'amour des peuples pour des Bourbons en sera altéré, et qui sait si la tranquillité de l'Etat ne sera pas troublée?

Au contraire, que cette liquidation générale se fasse, les citoyens se liquident alors réciproquement entre eux; la machine du Gouvernement reprend son mouvement, et les affaires recommencent à marcher. La confiance renaît. S'il a fallu se résigner à des sacrifices, on ne songe plus qu'à les oublier, qu'à réparer ses pertes. Les peuples qui cessent d'être accablés sous le poids de la dette respirent. Ils se livrent sans crainte au travail. Plus d'inquiétudes de leur part, plus d'embarras pour le Gouvernement. L'administration devient donc simple, facile. Le prince reçoit les bénédictions de ses sujets.

L'idée si simple d'en venir à une liquidation générale, qui aurait dû naître dès l'année dernière, a échappé, parce qu'on n'a pas songé qu'il fallait tirer une ligne de démarcation entre les tems écoulés et les tems à venir; parce que, confondant toujours des idées prétendues monarchiques avec des idées constitutionnelles, on a cru que c'était le Roi qui était débiteur, tandis que la Charte prononce au contraire que c'est l'Etat qui doit, que c'est la France qui devait, au moment où a commencé le gouvernement constitutionnel.

Il est évident cependant qu'il fallait séparer les tems écoulés des tems à venir, pour que les malheurs des uns ne vinssent pas refluer sur les autres, pour que la peine d'anciennes fautes ne fût pas supportée par qui ne les avait pas commises.

Il n'est pas moins évident que ce n'est pas le Roi qui est débiteur : il n'a pas pu contracter personnellement les engagemens que la Charte veut qui soient remplis. C'est une vérité de fait, qui n'a besoin que d'être énoncée. Ne les ayant pas contractés, il ne s'est obligé dans sa Charte qu'à les faire remplir par l'Etat. Mais il ne peut pas se dire lui-même l'Etat, parce que cette idée anéantirait la Charte, qu'il a donnée; il ne le veut pas davantage, parce qu'il a donné volontairement sa Charte, qui s'y oppose. Toute l'erreur de l'ancienne Chambre des députés, quand elle s'est refusée à adopter les mesures que le Roi proposait par ses ministres, pour le paiement d'engagemens qu'il avait déclarés inviolables, toute l'erreur venait de ce que la Chambre appliquait à un gouvernement constitutionnel des idées qu'elle supposait monarchiques. Elle regardait le Roi comme débiteur, parce que, trop préoccupée d'idées prétendues monarchiques, elle le regardait comme maître absolu, comme propriétaire des biens de ses sujets, ainsi que l'avait été Louis XIV, qui disait, avec fondement alors, être lui seul l'Etat (1); la Chambre ne voyant pas plus d'injus-

(1) Saint-Simon raconte que, pour lever les scrupules qu'a-

tice à ne pas remplir les engagemens de l'Etat qu'il n'y en avait eu autrefois à les violer, quand on avait cru ne pas pouvoir les remplir.

Mais il y a eu bien évidemment faute dans la conduite de la Chambre ; car, ou le Roi est lui-même l'Etat comme elle l'entendait, et alors elle ne devait pas aller contre ses volontés; ou par l'Etat il faut entendre non pas le Roi, mais la France qui doit, et que le Roi, par sa Charte, oblige à respecter les engagemens pris par elle, et alors la Chambre ne pouvait pas violer ces engagemens, sans violer la Charte, par qui elle existait, et qu'elle était chargée de défendre.

De l'une ou de l'autre manière, la Chambre n'avait pas à repousser les mesures proposées par le Roi pour le paiement des créances de l'arriéré.

Encore un coup, ce n'est pas le Roi qui doit, c'est la France qui doit à elle-même, et ces mots, engagemens pris par l'Etat, ne peuvent dire autre chose *qu'engagemens pris par la France;* le Roi a intérêt à ce qu'elle se libère ; il veut qu'elle arrive au gouvernement

vait Louis XIV à fouler trop ses peuples, lui apporta une consultation des plus habiles docteurs de Sorbonne, qui décidaient que tous les biens des Français étaient au Roi en propre, et que, quand il les prendrait, il ne prendrait que ce qui lui appartient. Cette décision ôta au Roi tous ses scrupules.

constitutionnel liquidée, libérée par tous les moyens qui sont en son pouvoir ; il le veut, parce que ses peuples l'ont désiré, parce que c'est juste, parce que c'est réclamé par le besoin de la tranquillité de son règne et de la prospérité de la France.

C'est aux plans de finance à présenter les moyens de liquidation.

CHAPITRE XII.

Des principes à suivre dans la liquidation générale.

Ces principes ne peuvent être autres que ceux de la justice ; c'est le premier besoin de l'homme en société, la première chose que réclame l'intérêt général.

Mais il faut que la justice soit universelle, car justice est également due à tous dans un gouvernement constitutionnel ; il faut qu'elle soit entière, car il y a injustice à ne pas rendre entièrement justice. Que, s'il y avait insuffisance de moyens pour satisfaire à tous les légitimes droits, cette insuffisance devrait être montrée, et les choses seraient combinées ensuite de manière que la perte fût supportée par tous en proportion des facultés de chacun. Dans un gouvernement constitutionnel, quand il s'agit de liquidation générale, c'est-à-dire de propriété, la première chose à considérer, c'est l'égalité des droits ; aucun privilége particulier ne peut donc être réclamé ; toutes ces prétendues considérations politiques que l'on met en avant ne sont que des priviléges, des injustices, des inconstitutionnalités que l'incapacité imagine, ou que la force se permet. Evitons cet écueil, où depuis si long-tems chacun se brise à son tour, après y avoir jeté les autres. On ne peut pas indemniser les campagnes, a-t-on dit : l'a-t-on prouvé? On ne peut pas payer les créanciers de l'arriéré : l'a-t-on prouvé? Il suffira donc toujours d'alléguer le défaut de moyens, pour couvrir le manque de bonne volonté? « Justice! justice » pour moi seul! s'écrie l'intérêt particulier. » Justice pour tous! répond, au nom de l'intérêt général, le gouvernement constitutionnel; je suis institué pour la rendre à tous; je la » dois à tous; je ne dois faveur à personne. »

Adopter d'autres principes dans la liquidation générale, serait abandonner la Charte et revenir au gouvernement monarchique, ou plutôt serait renoncer aux avantages de chacun d'eux pour avoir les inconvéniens de l'un et de l'autre.

CHAPITRE XIII.

De quelle époque il faut partir dans l'établissement des créances à liquider.

L'ÉPOQUE d'où il faut partir est celle du retour du Roi en mars 1814; ce sont tous les engagemens existant à cette époque et ceux qui ont été contractés depuis, qui font le montant de la dette constitutionnelle à liquider.

Sans doute, si l'on pouvait réparer tous les maux commis depuis la révolution, il faudrait s'empresser de le faire; mais quand l'Etat posséderait en propriétés publiques disponibles dix fois plus qu'il ne possède; quand on demanderait aux peuples, en impôts, le quadruple de ce qu'ils ont en revenus de toute espèce; quand on parviendrait à emprunter le triple de ce qu'il y a de numéraire en France; tout cela encore ne suffirait pas pour indemniser chacun des pertes qu'il montrerait avoir éprouvées par le fait de la révolution. Pour s'en convaincre, on n'a qu'à songer que plus de 10 milliards de biens nationaux ont été confisqués et vendus; plus de 100 millions de rentes ont été supprimés par l'opération de la réduction des rentes au tiers-consolidé : on n'a qu'à songer à toutes les pertes produites par le défaut de remboursement de charges, d'offices, de créances de toute nature; par les déchéances prononcées, par les banqueroutes déguisées sous le nom d'arriérés, ou même faites sans déguisemens, par l'avilissement des mandats, et sur-tout des assignats, dont la somme a monté à 45 milliards; par bien d'autres causes enfin qu'il serait trop long d'énumérer ici, et l'on ne doutera plus de la vérité de notre proposition.

Mais, du moins, quelques-uns de ceux qui ont tant souffert ne seraient-ils pas dans une exception favorable? Eh bien, que les émigrés ou les anciens bénéficiers prétendent à cette exception et veuillent être indemnisés : les rentiers, de leur côté, réclameront les deux tiers de leurs rentes qu'on leur a pris, et les raisons ne manqueront pas plus aux uns qu'aux autres. A leur tour, les propriétaires de charges et d'offices représenteront ou que la déchéance a été prononcée contre eux, ou qu'ils ont été remboursés en valeurs dépréciées; d'autres viendront ensuite qui feront aussi valoir la bonté de réclamations d'une autre nature; personne, enfin, ne manquera de se présenter, et chacun croira devoir être préféré. Il y a, disions-nous tout-à-l'heure, impossibilité de satisfaire à tous; nous disons maintenant qu'il y aurait injustice à satisfaire à quelques-uns, car ce ne serait qu'aux dépens de tous.

Il y a plus : on ne sortirait pas d'embarras quand on dirait qu'il faut réparer tous les maux commis par la révolution. Car, quand a-t-elle commencé, cette terrible révolution? Est-ce au 14 juillet 1789? Mais ceux qui, sortis de France auparavant, ont été portés cependant sur la liste des émigrés, soutiendraient avec raison qu'on doit remonter pour eux à l'époque de leur sortie. Les couvens supprimés, tels que les Célestins, dont le gouvernement monarchique avait vendu les biens avant la révolution, prétendraient que les idées révolutionnaires s'étaient introduites dans le gouvernement lui-même bien avant qu'elles ne se manifestassent dans la nation, et ils voudraient que l'on partît de la suppression de leurs couvens, laquelle est pour eux la véritable époque de la révolution. On se trompe bien, diraient un grand nombre, on se trompe bien si l'on croit que la révolution a commencé au 14 juillet : elle a commencé aux troubles que les parlemens ont occasionnés en refusant de se prêter aux désirs de la cour, et en demandant la convocation des états-géneraux. Point du tout, répliqueraient d'autres : c'est à cette assemblée des notables, si indiscrètement convoquée par M. de Calonne, dans l'espérance qu'elle le tirerait d'embarras, et qui, loin de vouloir entendre à rien, le dénonça comme un dilapidateur de la fortune publique, obtint son renvoi, soutint que le contrôleur-général devait des comptes à d'autres qu'au Roi, et fut la première à émettre le vœu de la convocation des états-généraux. Quelle erreur! s'écrieraient quelques-uns; est-ce que la révolution ne s'est pas fait sentir bien avant toutes ces époques? Est-ce qu'elle n'agissait pas avant que d'éclater? Elle a commencé à l'exil des parlemens, quand s'est formée cette opinion publique assez audacieuse d'abord pour s'élever contre l'autorité, et devenue assez forte ensuite pour l'amener à les rappeler. Elle a commencé quand les nobles, s'alliant avec de riches roturiers, et la noblesse, s'achetant à prix d'argent, les peuples ont vu que la richesse effaçait la distinction des rangs. Elle a même commencé quand les banqueroutes de l'abbé Terray, où plutôt encore celle de Law, arrivée à la suite des malheurs produits par le gouvernement trop absolu de Louis XIV, firent composer ces livres où l'on osa parler des droits des peuples et des devoirs des souverains, et qui, tantôt repoussés, mais plus souvent encore accueillis par ceux qui exerçaient l'autorité du Roi, finirent par altérér leurs anciens principes, et jeter l'administration dans une continuelle versatilité.

Ainsi, la révolution doit dater des dernières années de Louis XIV, et il faut réparer les maux qu'ont produits toutes les banqueroutes faites depuis sa mort, à commencer par celle de Law. Les choses ne sont ni plus ni moins consommées à l'égard de la chute du système de Law, et des banqueroutes faites sous Louis XV, qu'à l'égard de toutes celles qui se sont faites sous tant de noms différens depuis 1789.

Quelle réponse faire à tant de réclamans? une seule, mais elle est péremptoire: vous ne demandez pas justice, vous demandez tous des faveurs, et c'est à vous-mêmes que vous les demandez, quand vous êtes à peine en état d'être justes les uns envers les autres; vous demandez des faveurs, et nous ne pouvons nous occuper que de justice, que de faire marcher la Charte. Quelque intérêt que vous inspiriez par vos malheurs, tout est consommé à votre égard; émigrés, bénéficiers, rentiers, possesseurs d'offices et de charges, et autres créanciers de toute espèce, tout est consommé à votre égard; la Charte l'a prononcé: elle ne parle que de la dette publique, et des engagemens pris par l'Etat ; il n'y en avait plus d'existant envers vous, quand elle a parlé ; vos liquidations étaient faites et remplies : il n'y a pas à vous liquider deux fois.

CHAPITRE XIV.

Du Tableau de la dette constitutionnelle.

AINSI ne figureront au tableau de la dette constitutionnelle aucunes sommes pour raison de pertes éprouvées par le fait de la révolution. Il n'y doit entrer, aux termes de la Charte, que la dette publique, toute espèce d'engagemens pris par l'État au retour du Roi, et les engagemens qui ont été contractés depuis.

Le montant de la dette constitutionnelle sera donc composé,

En dettes non exigibles :

1°. Du capital au denier 20 du tiers-consolidé inscrit, ou à inscrire, d'après les liquidations ordonnées ;

2°. Du capital au denier 10 de toutes les rentes viagères et pensions, tant civiles que militaires et ecclésiastiques présentement inscrites, ou ordonnées devoir l'être ; et ici nous formerions le vœu que, par une loi particulière, les pensions fussent augmentées de 10 millions, dont le Roi disposerait, comme il le voudrait, en faveur d'émigrés, de militaires en retraite et d'ecclésiastiques.

En dettes exigibles :

1°. De tout ce qui, d'après les paiemens faits au 1er janvier prochain, sera dû aux étrangers, à quelque titre que ce soit, d'après les arrangemens pris avec eux par les différens traités ;

2°. Du montant de toutes les sommes légalement dues, tant dans les campagnes que dans les villes, pour raison de réquisitions et de pillages exercés depuis le commencement de la campagne de 1813, d'après la liquidation qui sera faite de toutes ces sommes, de la manière la plus prompte et la plus juste ;

3°. Des 40 pour cent que perdent les créanciers de l'arriéré et ceux de l'emprunt de cent millions, par la loi du budget de 1816 ;

4°. De toutes les sommes qui, au 1er janvier 1817, se trouveront former l'arriéré de 1816.

Le montant de toutes ces sommes ne sera guère au-dessous de six milliards. Comment donc l'énormité d'une pareille dette n'a-t-elle pas fait sentir la nécessité d'une liquidation générale? On dissimulait la dette, en ne parlant que de ce qui était exigible ; mais le service de la dette publique, des rentes et des pensions, n'est-il donc point une charge pour l'Etat? Et peut-il être indifférent pour la France, qui n'aura pas moins de 600 millions de contributions à payer par année pour les différens services indispensables au maintien de l'Etat, d'être chargée en outre d'une dette publique annuelle de 2 à 300 millions ?

CHAPITRE XV.

Développemens et Division.

NOTRE travail, comme l'on voit, se divise en deux parties.

La première est celle qui tient au nouveau système de finance que la Charte veut qui soit suivi désormais.

La seconde est celle de la liquidation générale qui est à faire.

CHAPITRE XVI.

Du nouveau Système de Finance.

NOUS avons vu quels doivent être dorénavant les principes de l'administration financière. Ils sont d'une facile application, mais ils doivent être strictement suivis.

La première chose donc à se dire, est que le revenu net de la France ne pouvant guère être évalué aujourd'hui à plus de douze cent millions (1), il est impossible de songer à exiger des peuples au-delà de six cent millions d'impôts par année, y compris les frais de perception, ce qui suppose cinq cent millions pour le net des contributions. La contribution foncière ne doit entrer dans cette somme que pour deux cent millions, compris tous centimes additionnels. C'est à arrêter irrévocablement en principe, au moins pour cinq ans, cette quotité d'impôts, que les Chambres doivent se borner, en se réservant d'examiner chaque année la nature et la quotité des contributions indirectes, qui seront proposées par le Gouvernement, pour arriver aux six cent millions, sans se mêler pour cela de prendre l'initiative d'aucune proposition d'impôts, cette initiative, comme l'emploi des fonds, appartenant exclusivement au ministère.

Quant à la nature des contributions indirectes, le ministère pensera sans doute que les impôts les plus anciennement établis, sont les plus tolérables, par la raison que le défaut

(1) Non compris ce qui en revient aux agens de la culture.

d'un impôt n'est pas tant d'élever le prix des objets sur lesquels il porte, que de changer les rapports naturels des choses ; il pensera sans doute aussi que, dans l'assiette d'un impôt, il ne faut pas considérer seulement les avantages du fisc, mais les intérêts aussi des contribuables; que tout impôt dont les agens peuvent être impunément injustes, astucieux, extendeurs, enhardit les citoyens à la fraude et à la mauvaise foi, et que, sous ce rapport, l'impôt du droit d'enregistrement doit être revu avec soin, parce qu'il engendre mille vexations criantes, et est une cause de démoralisation dans toutes les classes; que ceux-là se trompent qui soutiennent que les impôts doivent ménager les objets de luxe en France, le luxe étant nécessaire à un grand Etat, parce qu'ils n'entendent parler que du luxe de vanité; et que c'est, au contraire, ce luxe, jusqu'à présent trop encouragé, qu'il faut proscrire pour n'encourager que le luxe d'aisance et de commodité, le seul qui puisse rendre aujourd'hui la France prospère et glorieuse; que tout impôt, comme toute mesure, qui sacrifie la masse d'une nation au plus petit nombre, et qui arrête la reproduction et la libre circulation des denrées de première nécessité, est essentiellement vicieux; qu'aucun impôt ne doit favoriser le commerce et les manufactures secondaires aux dépens de la première manufacture, celle des blés, des vins, des chanvres, des lins, des huiles, des fruits et autres matières premières. Enfin, que tout le système des douanes, établi en vue de favoriser l'industrie nationale, est à changer, puisqu'elles ne font qu'entraver l'industrie générale, sous prétexte d'encourager quelques industries particulières, et qu'elles sont un sujet de débats, d'inimitiés et de guerres avec les nations voisines ; mais que ce grand œuvre doit être profondément médité et préparé de loin, et être d'ailleurs concerté avec toutes les puissances, pour qu'elles se prêtent toutes à une liberté générale d'industrie et de commerce, dont, en définitif, elles ne peuvent manquer de profiter toutes.

Enfin, le Gouvernement verra si, en principe, toute espèce de revenus ne doit pas être passible de l'impôt; s'il n'en est pas plusieurs qui jusqu'à présent en ont été exempts par des considérations d'intérêt particulier; et si, en les soumettent à l'impôt aujourd'hui, ce ne serait pas un moyen de diminuer la contribution foncière, dont l'énormité tue la propriété.

Dans l'état présent des choses, six cent millions ne pouvant pas suffire annuellement à toutes les dépenses à faire, il y aura un excédant de dépenses sur les recettes; il sera couvert par les moyens extraordinaires que fournira notre plan de liquidation générale, qui présentera ainsi aux peuples la double assurance qu'ils ne seront plus écrasés d'impôts, et que les fonds nécessaires pour acquitter entièrement les contributions de guerre ne manqueront pas. Cette assurance, si précieuse pour eux, ne leur est donnée dans aucun des plans de finance proposés; elle est un des avantages particuliers du nôtre.

CHAPITRE XVII.

De la Liquidation générale; Moyens de Liquidation.

La légèreté des Français, et leur habitude de se contenter de mots qu'ils n'entendent pas, font qu'il a été toujours trop facile au Gouvernement de leur donner le change sur l'état vrai des affaires, sur-tout en matière de finances. Le défaut d'ordre et d'économie avait-il jeté l'administration dans l'embarras, avait-il diminué le crédit; elle s'en tirait, non pas en revenant aux principes d'économie qu'elle n'aurait pas dû abandonner, mais en couvrant l'excès de ses dépenses par des emprunts qui lui donnaieut le moyen d'ajouter à trop de dépenses plus de dépenses encore. Les peuples voyaient que les premières avaient été payées, ils ne s'inquiétaient pas de quelle manière; ils n'apercevaient pas que les créanciers du Gouvernement n'avaient fait que changer de nom, et qu'il était plus obéré qu'auparavant. Ils reprenaient confiance, précisément par la raison qui eût dû leur ôter toute confiance; et plus les emprunts avaient été onéreux au Gouvernement, et par conséquent avantageux aux prêteurs, plus tôt donc ils avaient été remplis, et plus grand renaissait le crédit qui inviterait avant peu à recourir à de nouveaux emprunts plus onéreux que les précédens. C'est que les peuples n'ayant pas l'habitude d'approfondir les choses, appliquaient à faux au Gouvernement des idées sur le crédit qui ne sont applicables qu'aux particuliers, et qu'ils ne voyaient pas que quand un négociant, un commerçant, un propriétaire empruntent en vertu de leur crédit, c'est ordinairement pour travailler et produire, tandis que les gouvernemens n'empruntent jamais que pour dépenser, et parce qu'ils ont déjà trop dépensé; qu'ainsi les emprunts peuvent bien contribuer à enrichir les premiers, mais qu'ils ruinent toujours les seconds, ou plutôt leurs sujets, puisque les gouvernemens ne vivent que de la fortune de leurs sujets; que si donc on peut prendre confiance en une maison de commerce qui emprunte, parce que ses besoins sont une preuve qu'elle étend ses affaires, il faut au contraire se défier d'un gouvernement qui a recours aux emprunts, parce que ses besoins sont une preuve qu'il se ruine. Nous entendons toujours déplorer la perte du crédit public: eh! plût à Dieu qu'il n'eût jamais existé en France; elle n'en serait pas où elle en est: ce n'est pas du crédit qu'il faut souhaiter aux gouvernemens, c'est de la modération. Ils auront toujours assez de crédit, s'ils ne veulent en user que dans l'intérêt des peuples; dans le cas contraire, ils en auront toujours trop.

Tout le secret des contrôleurs-généraux et des ministres des finances en France fut d'emprunter quand ils ne purent pas augmenter les impôts, et de faire accroire à chaque emprunt qu'il servirait à libérer la France, ou du moins à améliorer l'état de ses finances. Malheureusement pour elle, les faits ont déposé contre ces paradoxales promesses, et ont prouvé que bien loin que la nation se soit libérée jamais par des emprunts, elle s'est toujours trouvée plus pauvre et plus embarrassée après avoir emprunté qu'auparavant; témoin les cent et une banqueroutes faites en France depuis la mort de Louis XIV, et qui sont venues payer la sotte confiance qu'on avait eue dans la ressource des emprunts pour libérer la nation.

Buonaparte, qui sut toujours comment on pouvait faire le mal, et si peu comment le bien, ne se serait pas pardonné, s'il lui eût échappé de voir qu'à l'aide des banqueroutes, suite nécessaire des emprunts, on pouvait dévaliser les peuples. Il prétendit bien que son gouvernement ne fût pas plus maladroit que ceux qui l'avaient précédé, et il ne voulut pas, plus qu'eux, se contenter des impôts, quelque soumission que montrât la nation à lui accorder tout ce qu'il demandait, sans rien contester, sans rien examiner. Son embarras était qu'il n'y avait plus moyen de faire des emprunts, l'expérience du sort qu'avaient éprouvé les prêteurs étant encore trop récente : il leva cet obstacle en trouvant dans la dette même, dans les rentes du tiers-consolidé, les moyens d'emprunter.

A son retour d'Egypte, le tiers-consolidé était tombé à 7 fr. ; cette baisse était l'effet de la défiance que devait donner l'opération de la suppression des deux tiers, faite deux ans auparavant, et le non paiement, depuis cette suppression, de deux semestres du tiers-consolidé; ou plutôt même la baisse était l'effet de l'embarras des finances, qui ne laissait pas espérer que les rentes fussent régulièrement servies, à moins que l'on ne voulût grever d'impôts les propriétaires et les classes industrieuses de la société, de manière à les ruiner entièrement eux et la France (car un pays n'est riche que de la richesse des propriétaires et de ceux qui travaillent). Buonaparte sentit que son premier soin devait être de relever la rente; mais comment en venir à bout? Il y parvint en appelant à son aide la troupe des agioteurs. Il leur ouvrit la porte de l'antre de la Bourse; ils s'y précipitèrent à la vue du butin qu'il leur préparait; ils firent jouer leurs machines, et, de ce moment, la rente remonta : elle devint une valeur bien préférable à la propriété foncière, qui ne fut plus qu'une charge entre les mains du grand nombre. Il put s'en servir et la donner en paiement à l'égal de l'argent même.

Il ne s'en fit pas faute. Il se moqua alors de tous les budgets, se livra à tous ses projets, et fit à la fin de chaque année autant d'arriéré qu'il voulut. Il n'eût pas trouvé à emprunter la moindre somme. Il paya des sommes énormes qu'il devait avec des rentes qu'il créa, souvent sans l'intervention du corps législatif, et par un simple décret impérial. Et l'on eut la bonté de croire que l'arriéré était payé, que la France en était libérée. Personne ne vit que ce mode de paiement chargeait la nation ; que c'était un emprunt forcé fait sur elle, qui renversait tout le système des budgets annuels ; qu'il n'y avait aucune raison d'espérer qu'on s'arrêterait jamais ; et que l'abus si facile d'une ressource si commode, après avoir augmenté la dette au point de rendre les charges insupportables, finirait par amener de nouvelles banqueroutes.

Et en effet, quand Buonaparte fut obligé de s'arrêter en si beau chemin, il avait presque doublé la dette publique, car il l'avait portée de 40,216,000 à la somme de 75,000,000 (1). En calculant au denier vingt les rentes qu'il avait créées et données en paiement sur ce pied, il avait mangé au-delà des impôts plus de sept cent millions ; et en suivant la progression accélérée de cet accroissement de dette, si un pareil état de choses eût duré vingt ans de plus, la France se serait trouvée devoir alors plus de 500 millions de rente.

Or, maintenant que nous avons la constante expérience des effets qu'a toujours produits

(1) V. le rapport fait par le minist. des fin. pendant les cent jours.

cette fausse libération des dettes de l'Etat par des paiemens faits avec des empruts ou en rentes qui ne sont que des emprunts déguisés, aurons-nous le front de proposer pour moyens de libération et de liquidation générale des emprunts volontaires ou forcés, ou des paiemens en tiers-consolidé, comme le proposent presque tous les plans de finance? Certes, nous nous en garderons bien : on ne manquerait pas de nous reprocher de ne vouloir que simuler la libération que la Charte ordonne, et, en se jouant d'elle, ajourner la banqueroute jusqu'au moment où l'on jugerait à propos de la faire. Ce ne sont plus des leurres qu'il faut donner aux Français, ils sont depuis trop long-tems dupes de l'abus des mots. Il faut renoncer désormais à cette honteuse ressource : loyauté, bonne foi, franchise, justice pour tous, justice entière, voilà ce qu'a promis le Roi, voilà ce que veut la Charte : elle exige, non pas des promesses de paiement (et des rentes ne sont que des promesses de servir des arrérages), mais des paiemens effectifs ; non pas seulement qu'il y ait des individus de payés, mais que la France soit libérée ; et elle l'exige dans l'intérêt de la justice, dont le tems est enfin arrivé ; dans l'intérêt de la nation, qui a besoin de commencer une nouvelle existence ; dans l'intérêt du Roi, sur qui ne doivent pas peser les malheurs et les torts des tems passés, et dont il faut, au contraire, que le Gouvernement ne soit pas troublé par des embarras de finance, ni affligé par les gémissemens des peuples.

CHAPITRE XVIII.

Continuation du même sujet.

Si la France ne peut pas se libérer de ce qu'elle doit d'exigible avec des emprunts ou de nouvelles rentes créées, qui ne seraient que des emprunts déguisés, puisque ces moyens ne la libéreraient vraiment pas, quel moyen de libération faut-il donc employer? Un bien simple, celui qu'emploierait un propriétaire embarrassé dans ses affaires, ou une société de commerce qui voudrait se liquider. Ils vendraient leurs biens, et en feraient servir le prix à l'acquit de leurs dettes. La France doit faire la même chose et vendre ses biens, puisque c'est là son unique moyen de libération ; la justice le lui prescrit.

Les principes de justice sont les mêmes du Gouvernement aux sujets que des sujets les uns aux autres. C'est la violation des principes de justice de la part des gouvernemens qui bouleverse tout, et conduit d'erreurs en erreurs aux plus grands maux. Que les gouvernemens se montrent justes, et les idées révolutionnaires disparaîtront. Ils se plaignent de l'esprit séditieux des peuples, il n'est que le soulèvement contre l'injustice : ils se plaignent de la démoralisation qui règne dans toutes les classes, elle n'est jamais qu'une imitation de la conduite de ceux qui sont à la tête des affaires ; car, comme l'a très-bien observé le rapporteur de la commission du budget de la Chambre des pairs, « le Gouvernement est » l'instituteur des peuples ; c'est son exemple » qui étend et fortifie la morale publique ; » c'est son exemple aussi qui perd les mœurs. S'il est injuste et de mauvaise foi, et qu'il abuse de sa force contre les peuples, les peuples seront injustes et de mauvaise foi entr'eux et à son égard, et il n'y aura personne qui ne soit tenté d'abuser de sa position particulière, toutes les fois qu'il le pourra faire impunément : où sera alors la morale publique ?

La France a des forêts à elle ; elle a des dettes : ses forêts sont donc le gage naturel de ses créanciers. Elles leur appartiennent véritablement ; il n'y a que les formalités translatives de la propriété qui restent à remplir. Le Gouvernement s'y refusera-t-il ? Non : car il ne le pourrait sans commettre une iniquité, sans alléguer que la justice n'est faite que pour les citoyens entr'eux, que les gouvernemens ont le droit de s'y soustraire; sans abuser de leur force contre les administrés ; sans soutenir que c'est le Roi qui est la France ; qu'elle ne doit pas, puisqu'il ne s'est pas engagé; sans prétendre que les forêts appartiennent au Roi, comme elles lui appartenaient autrefois, quand il pouvait se dire propriétaire de la France ; sans avancer que la Charte n'a été présentée aux peuples que comme un leurre ; sans la renverser tout-à-fait, et sans nous ramener à l'ancienne monarchie, où le Roi empruntait toujours, et finissait par se libérer avec des banqueroutes, par ce beau principe que les domaines de la couronne étaient inaliénables. Ce qui ne signifiait autre chose, sinon que le prince avait le droit d'être de mauvaise foi, avait le droit de ne pas payer quand il avait eu le droit d'emprunter, en forçant les parlemens d'enregistrer des édits de création d'emprunts, dans lesquels il obligeait, par des ordonnances particulières, de verser toutes les sommes appartenantes à des interdits, à des mineurs et à des établissemens publics.

Le ministère a aperçu cette vérité, quand il a proposé la vente d'une partie des forêts pour payer les créanciers de l'arriéré. Remércions-le d'être entré, en cette occasion, dans la ligne constitutionnelle, et plaignons ceux que l'intérêt personnel ou l'égarement de l'esprit de parti a déterminés à repousser ce grand acte de justice et de bonne foi; mais disons que le ministère n'a pas rempli son devoir jusqu'au bout. Obligé par serment de faire obéir à la Charte, il ne devait pas transiger avec son obligation; il devait provoquer la dissolution de la Chambre qui, par son refus, renversait la Charte. La Chambre pouvait bien être consultée sur les moyens d'exécution d'une mesure voulue par la Charte, et qui même en quelque sorte était hors d'elle; mais la Chambre n'avait pas à rejeter le fond de la mesure que la Charte avait arrêtée implicitement, et sur laquelle par conséquent ni le Roi, ni la nation, n'entendaient pas la consulter. Des représentans n'ont rien à faire quand les représentés ont agi. La Chambre se mettait donc en révolte ouverte contre le Roi, contre la nation, contre la Charte, contre la justice, qui est de tous les tems et bien antérieure à la Charte, quand elle rejetait la mesure de la vente des bois, pour en gratifier le clergé, en faisant éprouver une perte de quarante pour cent aux créanciers de l'Etat; elle méritait d'être dissoute pour ce grand scandale, et la dissoudre était un devoir. Car, osons le dire, le Roi a des devoirs à remplir, dont le premier est de faire exécuter la Charte ; les princes n'ayant des droits que parce qu'ils ont des devoirs, suivant la belle pensée de l'un des plus éloquens et des plus zélés amis de la royauté, et en même tems l'un des hommes les plus probes de France, duquel, par conséquent, l'opinion ne saurait être ici révoquée en doute (1).

A cette infraction de la Charte, nous croyons voir entrer dans la Chambre des députés un groupe de créanciers de l'arriéré ; ils ont en main, ils élèvent en l'air un papier sur lequel nous lisons en gros caractères :

« Art. 70 de la Charte : *La dette publique » est garantie ; toute espèce d'engagement pris » par l'Etat est* INVIOLABLE. »

« Députés, disent-ils, vous pouvez bien » faire ou rapporter toutes les lois que vous » voudrez, mais vous ne pouvez pas défaire » ni rapporter la Charte, par laquelle vous » existez, pour le maintien et l'exécution de » laquelle vous avez été convoqués ; ou res» pectez les engagemens que la Charte a pris » envers nous, ou, si vous ne savez pas le » faire, déclarez-le. Et vous, ministres ici pré» sens, vous avez juré aussi d'observer et de

(1) M. Ferrand.

» faire exécuter la Charte ; votre devoir est de
» dénoncer ceux qui la violent, quels qu'ils
» soient ; dénoncez donc la Chambre au pou-
» voir royal pour qu'il la casse ; il ne peut
» pas s'en dispenser, car il a sa loi, comme
» la Divinité elle-même a les siennes. Le Roi
» pouvait bien donner ou ne pas donner la
» Charte, puisqu'il peut se dire le légitime
» souverain ; mais, l'ayant donnée, il ne peut
» pas être roi constitutionnel et ne l'être pas
» tout à-la-fois, puisqu'il implique d'être et
» de n'être pas. Il n'a pas donné la Charte
» pour lui, il n'en avait pas besoin : sa légiti-
» mité fait sa garantie ; il l'a donnée pour ses
» peuples, pour qu'elle leur servît d'égide
» contre les erreurs inévitables du pouvoir.
» Ne pas l'exécuter serait convertir l'égide en
» une arme meurtrière qui blesse et tue. Les
» peuples n'auraient ni la garantie que leur
» promet la Charte, et ses partisans murmu-
» reraient ; ni la garantie que donnait l'an-
» cienne monarchie, et ses partisans murmu-
» reraient. Les uns et les autres tomberaient
» sous le despotisme le plus effroyable, car
» il serait légitime ; la justice elle-même
» murmurerait ; la justice, cet œil toujours
» ouvert de l'éternelle Providence, qui veut
» conserver l'espèce qu'elle a créée pour ses

» fins, la justice accuserait, et devant la gé-
» nération actuelle, et devant la postérité, et
» dans cette vie de douleurs, et dans la vie
» qui ne meurt point. Oui, la légitimité est
» l'ancre de salut des Français, mais la Charte
» est le vaisseau qui les porte tous : s'il est
» brisé, ils seront abandonnés dans un océan
» de passions déchaînées sur le frêle radeau,
» où ils s'entre-dévoreront jusqu'au dernier. »

CHAPITRE XIX.

Du mode de vente des forêts.

La faute que les ministres ont commise, en n'indemnisant pas les campagnes des pillages et des réquisitions de 1814 et 1815, et cette autre qu'ils ont faite encore, quand ils n'ont pas vu qu'avant tout ils devaient s'occuper de faire cesser la misère des peuples, et raviver à cet effet les travaux par d'heureuses combinaisons de finance, sont deux grandes fautes dont la peine, supportée en premier lieu par les malheureux cultivateurs, et ensuite par les propriétaires, est arrivée aujourd'hui jusqu'au Gouvernement lui-même.

En effet, les cultivateurs ruinés, hors d'état de se relever d'ici à long-tems, parce qu'ils ont été abandonnés par le Gouvernement, n'ont pas pu payer leurs fermages aux propriétaires. Ceux-ci, privés depuis plusieurs années de tout revenu, victimes eux-mêmes de pillages et de réquisitions, et surchargés d'impôts, auraient vainement poursuivi leurs fermiers ; ils avaient, au contraire, à venir à leur secours pour ne pas empirer leur position aux uns et aux autres ; mais ils ont été poursuivis, eux, avec le plus grand acharnement, par leurs créanciers, sans égard aux circonstances, et ils se sont vus forcés (beaucoup d'entr'eux du moins) à vendre leurs biens, à quelque prix que ce fût; en sorte qu'aujourd'hui, par la grande quantité d'objets mis en vente, les biens-fonds, les biens ruraux sur-tout, sont tombés à 50 pour 100 au-dessous de la valeur vénale qu'ils avaient, il y a trois ans.

Il est manifeste que le Gouvernement ayant à vendre les forêts, souffrirait horriblement de la baisse de la valeur des biens-fonds, s'il était obligé d'abandonner les bois à un aussi bas prix. Il faut donc obvier à cet inconvénient, duquel on a fait dans la Chambre des députés une objection contre la vente des forêts, sans considérer que cette objection était un reproche sanglant fait au Gouvernement, d'avoir amené la ruine des propriétaires, et d'avoir livré la propriété foncière à un discrédit aussi grand ; sans considérer encore qu'en matière de mesures législatives, la Chambre des députés faisant partie du Gouvernement, et prenant en toute occasion l'initiative des lois, c'était sur elle-même que tombait le reproche.

Le moyen que nous allons indiquer pour remédier à l'inconvénient objecté, est aussi simple que juste en soi, et avantageux à l'Etat.

D'où provient la baisse du prix des biens? De la stagnation des affaires et du défaut de circulation, qui proviennent eux-mêmes du refus que le Gouvernement a fait de payer en entier les créanciers de l'arriéré, et aucunement les habitans des campagnes ravagées. Il n'a pas voulu payer ses créanciers ; ceux-ci n'ont pas pu payer les leurs, qui, à leur tour, ont fait attendre ceux à qui ils devaient, et ainsi de proche en proche. Le Gouvernement est le plus grand moteur de la machine sociale ; son action anime ou retient tous les mouvemens. Il a ralenti ses paiemens ; tous les paiemens entre particuliers, toutes les affaires, se sont ralenties. Que le Gouvernement donne à ses paiemens de l'activité, l'activité renaîtra dans les affaires, toutes les transactions reprendront.

Mais il n'a pas d'argent, dit-on.

Eh bien! la question se réduit à donner au Gouvernement des moyens de payer sans argent; se réduit, en d'autres termes, à lui mettre entre les mains des valeurs de paiement qui lui tiennent lieu d'argent. Or, rien de si facile que la solution de cette difficulté.

Est-ce que l'argent est le seul moyen de paiement? est-ce que, tous les jours, le Gouvernement ne paie pas avec autre chose que de l'argent, avec des rescriptions, par exemple, avec des bons de la caisse de service, avec des mandats sur la Banque, etc., etc.? Est-ce que journellement les maisons de commerce ne donnent pas en paiement d'autres valeurs que de l'argent? Est-ce qu'un particulier, enfin, ne se libère pas, quoiqu'il n'ait pas d'argent? Il lui suffit d'avoir des biens.

Déterminé à vendre ses forêts, puisqu'il l'est à exécuter la Charte, que le Gouvernement donne des assignations sur les forêts, en même tems qu'il les mettra en vente : que ces assignations soient au porteur, car, puisqu'elles sont données en remplacement d'argent, elles doivent être au porteur comme l'est l'argent. Ceux qui les recevront les passeront à d'autres, qui les passeront à leur tour : le Gouvernement aura véritablement payé, et chacun de ceux qui les aura passées aura aussi véritablement payé. Ce n'est pas l'argent qui fait, à proprement parler, le paiement; c'est l'objet qu'il représente, et qu'on se procure avec l'argent, qui n'est que le moyen d'échange ou de transaction, l'intermédiaire entre le prêt et le remboursement.

Il n'est pas un de ceux qui seront devenus possesseurs de quelques-unes de ces assignations, qui ne les regarde comme un titre de propriété de la partie des forêts qu'il aurait pu acquérir avec l'argent en guise duquel on lui aura donné une assignation, qui ne la regarde conséquemment comme équivalent à de l'argent. Il n'est pas un de ceux à qui il l'offrira pour se libérer envers lui qui ne la voie du même œil que lui. Ainsi les assignations représenteront l'argent sans difficulté et en augmenteront la masse ; car, voulant que l'assignation vienne en concurrence avec l'argent, nous aviserons tout-à-l'heure aux moyens d'empêcher qu'il le remplace et le fasse disparaître.

Le défaut de circulation d'où provient la baisse des biens-fonds cessera donc, et ils remonteront à la valeur qu'ils avaient auparavant ; l'Etat vendra ses forêts à leur prix naturel, qui même devra augmenter par la concurrence que fera naître nécessairement le désir commun à tant de porteurs d'effets sur les bois, de devenir propriétaires fonciers d'une espèce de biens généralement très-recherchée.

Nous avons fait voir que la France débitrice était, sous le rapport des obligations que commande la justice, dans la même cathégorie que le serait un particulier qui aurait à-la-fois des biens-fonds et des dettes, mais qui n'aurait pas suffisamment d'argent pour payer tout ce qu'il doit : pour se libérer il vendrait ses biens ; si c'était à ses créanciers, il compenserait le prix de sa vente avec ce qu'il leur devrait ; si c'était à d'autres, il déléguerait le prix à toucher à ses créanciers. Eh bien, nous suivons la même marche que ce propriétaire. L'assignation sur les forêts que vend l'Etat, c'est la compensation faite avec ses créanciers qui achètent ; l'assignation mise, non pas au nom, mais au porteur, est la délégation qu'il fait au profit de ses créanciers sur ceux qui achèteront de lui sans l'être, et qui exécuteront la délégation en se procurant, par voie de négociation, les assignations dont ils auront besoin pour payer.

Le ministre des finances paraît avoir entrevu le moyen que nous proposons, quand il a voulu payer les créanciers de l'Etat avec des bons admissibles en paiement des forêts ; mais il ne l'a pas vu dans son entier, et il n'en aurait pas tiré tout le parti qu'il présente ; il n'aurait pas atteint son but principal. Il gâtait même ce moyen ; de juste qu'il est, il le rendait injuste ; en effet, pourquoi donc, dans un gouvernement constitutionnel qui doit être toute justice, qui doit faire justice à tous, pourquoi forcer les créanciers de l'arriéré à se contenter de bons sur les bois, quand ils ont droit de demander de l'argent, sans obliger en même tems leurs créanciers à se contenter de ces mêmes bons, sans y forcer les créanciers des créanciers ? Pourquoi donner ces bons uniquement aux créanciers de l'arriéré, sans en donner aux autres créanciers, aux rentiers, par exemple ? pourquoi réserver exclusivement l'argent à ceux-ci ? pourquoi liquider les créanciers de l'arriéré, et ne pas liquider les indemnités dues pour les pillages et les réquisitions ? Si les forêts de l'Etat sont tombées dans l'avilissement par la rareté du numéraire, et par le défaut de circulation, pourquoi ne pas les relever avant de les vendre par des moyens qui suppléent au numéraire ? pourquoi ne pas chercher, par des combinaisons, à augmenter la masse du numéraire circulant, puisque c'est sa rareté qui empêche d'être juste, qui fait tomber dans toutes les inconséquences, qui fait violer la Charte, qui amène la misère et tous les maux qu'elle traîne à sa suite? Que de questions nous aurions à élever auxquelles on ne répondrait qu'en montrant qu'on tient encore à de vieilles idées prétendues monarchiques inconciliables avec la Charte, que l'on craint d'approfondir les choses, et de lire son devoir, et que ceux qui se disent partisans de la Charte, sont disposés à s'en dégoûter aussi, dès qu'elle ne cédera pas à leurs caprices et qu'elle contrariera leurs vues particulières, leurs intérêts privés. Administrateurs formés sous le despotisme, ou, si vous le voulez, sous le gouvernement monarchique, administrateurs formés sous le gouvernement, ou, s'il faut vous le dire, sous le despotisme militaire, vous êtes tous trop habiles! que de choses vous avez à oublier! combien il se passera de tems encore avant que vous sachiez seulement entendre la Charte.

Nous avons désigné par les mots d'assignations sur les forêts les effets publics dont nous avons proposé la création, et nous les avons mis au porteur. Appelons-les tout de suite *bons d'état*; et, ne nous bornant pas à les faire admettre en paiement des forêts, demandons qu'ils soient admis à l'égal du numéraire dans toutes les caisses publiques et particulières; ce qui est juste, puisqu'il l'est qu'ils servent à tous ceux qui seront obligés de les accepter en paiement de leurs débiteurs ; aussi bien à ceux qui seront dans la position d'acheter des bois, qu'à ceux qui ne le pourront pas ; aussi bien pour les différentes affaires que pour celles de l'achat des bois ; car autrement ceux qui n'en achèteraient pas seraient plus défavorablement traités que les autres, et seraient à la merci de l'agiotage. Cela fait, faudra-t-il que nous disions que nous aurons *un papier-monnaie*, auquel nous aurons été amenés par la force des choses, par la nature des circonstances, par le besoin de la justice, par la nécessité d'exécuter la Charte ?

A ce mot de *papier-monnaie*, nous entendons s'élever de tous côtés un cri de haro : un *papier-monnaie !* encore des assignats ! On veut donc ruiner la France ? Qu'on s'apaise : tout est fait à cet égard ; et si c'est un papier-monnaie qui l'a ruinée à la révolution, comme au tems du système, ce sera cette fois un papier-monnaie qui la sauvera, et tirera ses finances de l'état de délabrement où elles sont ; mais non : nous ne voulons pas vous donner un papier-monnaie ; ce que nous vous donnerons n'en sera pas un.

Nous montrerons, dans le chapitre suivant, que les idées sur le papier-monnaie sont tout aussi peu éclaircies que celles sur bien d'autres matières qu'il a convenu jusqu'à présent, ou qu'on a eu la paresse d'esprit de ne pas approfondir.

Il en est du papier-monnaie comme du manioc, dont le jus est un poison, mais qui, converti en farine, finit par devenir une substance alimentaire pour l'homme. Le papier-monnaie et les banques publiques sont aussi deux poisons par eux-mêmes ; mais des préparations convenables peuvent les convertir en aliment pour la vie des finances d'un gouvernement constitutionnel, tandis que rien ne les empêchera jamais de tuer dans un gouvernement absolu, parce qu'il n'a pas les moyens de les préparer.

Bornons-nous, pour le moment, à faire remarquer que le mode de vente des forêts, que nous proposons, est d'une simplicité extrême, et qu'il est parfaitement juste. Il l'est pour les créanciers de l'Etat, puisque, à son moyen, ils seront non plus payés en promesses, mais effectivement, en bonnes et réelles valeurs ; il l'est pour l'Etat, qui, par l'augmentation des signes de paiement, échappera à l'inconvénient de vendre ses forêts à vil prix. Il est même avantageux pour lui, parce que la concurrence qui naîtra d'une plus grande abondance de ces signes fera monter le prix d'enchère des forêts à leur valeur véritable. Il ne peut pas l'être pour l'Etat, sans l'être pour les peuples qui font l'Etat, sans l'être pour le prince qui régit l'Etat, et dont la sûreté et la gloire sont dans la tranquillité et la prospérité des peuples.

Terminons ce chapitre en disant que, comme il résulte des conséquences de notre mode de vente, qui lui-même est une conséquence de la Charte, que les bons d'état auront cours forcé de monnaie, et que nous voulons prévenir toute crainte que l'effet de ces bons ne soit de faire disparaître le numéraire, il convient que les bons d'état ne soient reçus dans les paiemens, même dans ceux du prix des forêts, que jusqu'à concurrence seulement des deux tiers des sommes à payer, l'autre tiers devant être payé en numéraire.

Ainsi donc, en nous résumant, le mode de vente des forêts sera la voie de l'enchère au plus offrant et dernier enchérisseur, aux charges et conditions déterminées sur l'avis de l'administration générale des forêts, pour le prix de l'adjudication être payé dans les termes fixés d'après les besoins de l'Etat, savoir : *un tiers en numéraire, et deux tiers en bons d'Etat.*

CHAPITRE XX.

Des bons d'Etat.

Si nous avons prouvé qu'il est indispensable d'indemniser des pillages et des réquisitions éprouvées en 1814 et 1815, de rendre aux créanciers de l'arriéré les 40 pour cent que leur fait perdre la loi du budget de 1816, de liquider réellement la France, de raviver les travaux, de redonner de l'activité aux affaires, et, pour parvenir à tout cela, de vendre les forêts, nous aurons prouvé qu'il est d'une indispensable nécessité de créer des bons d'Etat.

En effet, que l'on n'augmente pas la somme tant diminuée aujourd'hui de notre signe circulant; les forêts alors sont vendues, comme les autres biens-fonds, à 50 pour cent au-dessous de leur valeur; les forêts alors sont insuffisantes pour liquider la France; les créanciers de l'arriéré alors n'obtiennent pas justice, les habitans des campagnes et des villes qui ont été pillés ne sont pas alors indemnisés, les travaux et les affaires ne reprennent pas alors d'activité; et la vente des forêts, qui devait produire de si nombreux et de si grands avantages, ne fait plus alors qu'ajouter à nos maux et à notre détresse;

en dépouillant inutilement l'Etat de ses dernières ressources.

Ainsi, vente des forêts et création de bons d'Etat sont deux idées inséparables, sont deux moyens qui doivent coïncider ensemble, qui doivent être employés simultanément. Leur réunion fait leur force, ou plutôt ils ne sont que deux parties d'un seul et même moyen. Employer l'une d'elles isolément serait une absurdité.

Ne gémissons donc pas de la nécessité de créer des bons d'Etat; car, loin qu'elle soit un malheur, elle est, au contraire, un très-grand avantage dans les circonstances actuelles.

Mais gémissons de ce que cette nécessité n'a pas été sentie dès le premier retour du Roi. Si elle l'eût été, comme elle devait l'être, on eût eu alors les moyens de secourir les campagnes, et l'on ne se fût pas montré si injuste à leur égard, en prétextant d'une impossibilité qui n'existe pas. On n'eût pas laissé tomber les biens-fonds à 50 pour cent au-dessous de leur valeur, en entretenant la rareté du signe d'échange, et l'on n'eût pas mis par-là les possesseurs d'argent à même de dépouiller les propriétaires; on n'eût pas fait perdre plus de 200 millions aux créanciers de l'arriéré; enfin, on n'eût pas laissé épuiser dans toutes les professions les moyens de travail et de développement d'intelligence, d'activité, d'industrie qu'il était si nécessaire d'entretenir.

Un papier-monnaie, dit-on, fait hausser le prix de toutes les marchandises : quand la proposition serait aussi vraie que nous allons voir tout-à-l'heure qu'elle est fausse relativement aux bons d'état que nous proposons, il aurait encore été juste d'employer la mesure du papier-monnaie : on a craint de faire hausser le prix des marchandises pour le consommateur ; mais le peuple, qui est le grand consommateur, on n'a pas craint de le laisser sans travail et sans moyens de consommation : mais les marchandises ne devaient-elles pas hausser ? ne haussent-elles pas, en effet, tous les jours de prix par le défaut de reproduction qui est la suite de la rareté du signe ? Mais quand certains objets eussent augmenté de valeur de 5 ou 10 pour cent, n'était-ce pas un bien moindre mal que de réduire à moitié la valeur de la propriété foncière, que de réduire au quart ou au cinquième de leur valeur tant d'objets mobiliers de différente nature qui étaient la dernière ressource d'une infinité de familles tombées victimes du malheur des tems ? Si le mal que produit un papier-monnaie est de rompre les rapports naturels que les choses ont entre elles, qu'on nous dise donc quelle différence il y a pour la société entre doubler le prix de certaines marchandises par un papier-monnaie, et diminuer de moitié le prix d'autres marchandises faute d'un papier-monnaie, qui supplée à la rareté du numéraire. Pour nous, nous n'y en voyons aucune pour la société, mais nous en voyons une très-grande pour quelques classes particulières ou pour des individus. Les possesseurs d'argent (la classe des prolétaires) auraient peut-être un peu souffert momentanément de quelque augmentation dans le prix des denrées, s'il y avait eu un papier-monnaie ; mais, par l'effet de la rareté du numéraire, la classe des propriétaires fonciers et toutes celles des industrieux et des hommes qui travaillent, ont été écrasées et leur ruine complétée au profit des premiers ; en sorte que l'imprévoyance, ou plutôt la plus parfaite indifférence pour ceux qui, plus utiles que d'autres à la patrie, devaient inspirer par cela même plus d'intérêt, se joignant aux malheurs de la France, il est arrivé que des maux qui auraient dû être rendus communs à tous ont servi à enrichir ceux qui, par la nature de leur fortune, avaient trouvé moyen d'échapper à ces maux, et de les enrichir encore en leur livrant le reste des dépouilles des autres.

Ce n'étaient pas les possesseurs d'argent, qui ne tiennent point à la patrie, qu'il fallait voir, c'étaient les propriétaires fonciers, les cultivateurs, les hommes qui travaillent, dont il fallait considérer la malheureuse position.

Les propriétaires :

Parce que, depuis trop de tems, la justice est violée à leur égard, qu'ils paient le double des impôts qu'ils devraient payer, qu'ils sont forcés de répondre à toutes les demandes d'argent, qu'ils éprouvent toutes les vexations, qu'ils essuient toutes les avanies ; qu'il résulte de là un entier avilissement de la propriété foncière ; et que, partout où subsiste un pareil renversement de l'ordre naturel, il ne peut plus y avoir ni prospérité publique, ni amour de la patrie, ni véritable vertu sociale, le respect pour la propriété étant la base de la société.

Les cultivateurs :

Parce que c'est sur eux particulièrement que sont tombés tous les coups portés à la France depuis trois ans ; parce que leurs travaux, sans contredit les plus nécessaires de tous à la société sont cependant les plus durs, les plus ingrats, ceux dont les fruits sont le plus exposés à toutes les chances malheureuses, et que la misère des cultivateurs rejaillira infailliblement sur les villes, si l'on ne se hâte de la faire cesser.

Les cultivateurs encore, et les hommes qui travaillent :

Parce que la société humaine ne pouvant subsister que par le travail, la classe des hommes laborieux est aux yeux du législateur sensé la classe la plus recommandable, la plus respectable, et celle qui mérite la protection spéciale du Gouvernement. Qu'il protège celui chez qui se trouvent l'amour du travail et l'industrie! celui qui tient l'argent en sa possession se protège bien assez de lui-même.

Oserons-nous le dire? Tant de propriétaires dépouillés, parce que l'administration n'a pas fait ce qu'elle pouvait, ce qu'elle devait faire; tant de cultivateurs plongés dans la misère, parce que l'administration, imbue de tous les préjugés de la ville, les dédaigne; ces centaines de milliers d'ouvriers errant dans les rues, dans les places publiques, dans les promenades, sur les chemins, s'écriant de toutes parts : *Du travail! du travail!* et ne trouvant nulle part du travail, parce que nos financiers, tout occupés des rentes et de la bourse, n'ont pas imaginé qu'il fallût raviver les travaux; cette foule de gens désœuvrés, que leur désespoir rend dangereux, quand leurs travaux de toute espèce pourraient enrichir la patrie, présentent à l'ami de l'humanité le spectacle le plus affligeant, le plus douloureux, le plus effrayant pour les conséquences qu'il peut avoir, celui qui dépose le plus fortement des erreurs de l'administration.

Oui: il y a faute de sa part, très-grande faute; il faut s'empresser de la réparer. Il faut suppléer à la rareté du numéraire, puisque la rareté du numéraire a produit tant de mal.

Attendra-t-on pour le faire que l'argent déjà trop rare le soit devenu bien plus encore par la sortie de France des sommes considérables que nous avons à payer aux étrangers d'après les lois qu'ils nous ont dictées? Mais ce qui peut sauver aujourd'hui la France, la sauvera-t-il alors? Mais que de maux vont arriver d'ici là que l'on préviendrait! mais que gagnera-t-on à reculer l'emploi d'une mesure inévitable? Espérez-vous pouvoir l'éviter, administrateurs qui craignez un papier-monnaie, parce que vous redoutez les fausses idées du vulgaire que vous devriez chercher bien plutôt à éclairer? Dites-nous donc comment vous ferez pour vous passer d'un papier-monnaie, quand vous aurez payé 12 ou 15 cent millions à l'étranger; montrez-nous ce qui vous restera alors de numéraire circulant; apprenez-nous quel il est en France; prouvez-nous qu'il en restera toujours assez pour suffire à toutes les transactions, ou que les sommes que vous êtes obligés de donner, sans rien recevoir en échange, vous rentreront par votre commerce; montrez-nous alors comment vous aurez du commerce avec l'étranger, alors que vous manquerez de capitaux; alors que (en eussiez-vous autant qu'il vous en manquera) vous ne permettriez pas, grâce à votre beau système de Colbert, qui n'a pas fait moins de ravages chez les nations étrangères que chez vous; vous ne permettriez pas d'exporter les produits de votre grande manufacture agricole, et qu'elles ne vous permettraient pas, elles, d'importer les produits de vos manufactures citadines; montrez-nous toutes ces choses, les seules qui puissent nous rassurer. Que si vous ne le pouvez pas, si vous avez erré jusqu'ici au gré des événemens, sans avoir pu les maîtriser; si l'indécision de vos mouvemens a rendu notre position plus dangereuse et plus pénible, adoptez donc la mesure que nous vous présentons. Jetez cette ancre de salut, qui rassurera l'équipage effrayé de vos fausses manœuvres; jetez-la, si vous voulez nous sauver; vous allez toucher; vous allez briser le vaisseau de l'Etat.

Continuation du même Chapitre.

Un papier-monnaie est donc inévitable;

Il est donc d'une indispensable nécessité;

Il y a donc à regretter qu'on ne l'ait pas créé plus tôt;

Il faut donc le créer sans plus tarder;

Il présentera donc bien plus d'avantages que d'inconvéniens;

Voilà ce que nous venons de voir:

Montrons maintenant que *nos bons d'état* ne seront point *un papier-monnaie*, tel qu'on l'entend, et qu'ils en auront tous les avantages sans aucuns de leurs inconvéniens.

Qu'est-ce qu'un papier-monnaie?

C'est un signe représentatif du signe d'échange.

Le signe d'échange qui chez toutes les nations civilisées est de l'or ou de l'argent, a en soi une valeur intrinsèque;

Le papier-monnaie n'en a point;

Ce n'est pas dire pour cela qu'il ne peut pas avoir de valeur.

C'est dire qu'il a besoin d'être fondé sur des combinaisons qui lui donnent une valeur réelle.

Il représente le signe d'échange; il fait donc office de signe d'échange.

Mais celui-ci ayant la valeur intrinsèque du métal d'or ou d'argent qu'il contient, cesse d'être un signe d'échange, et devient une valeur réelle pour qui ne veut avoir que de l'or ou de l'argent.

Dans ce cas il n'a pas besoin d'être échangé; dans tous les cas possibles il faut que le papier-monnaie le soit.

Voilà ce qui assure l'avantage à l'or ou à l'argent monnaie, qu'on est convenu de regarder comme signe d'échange, sur le papier-monnaie, qui serait bien plus véritablement un signe d'échange, puisqu'il le serait toujours, tandis qu'il est des cas où l'autre cesse de l'être.

Mais la nécessité fait prendre le papier-monnaie, comme la commodité fait accepter le billet de banque.

Car le billet de banque le plus accrédité est dans une similitude parfaite sous ce rapport avec le papier-monnaie. Quelque confiance que mérite le billet de banque, quelque préférence qu'il obtienne sur l'or et sur l'argent dans beaucoup d'occasions, en raison de la grande facilité qu'il donne à celui qui le possède de le porter sur soi, de le cacher sans peine, de le transporter sans frais, de masquer ses opérations; bien encore qu'il puisse s'échanger contre toutes valeurs, toutes marchandises, toutes propriétés, toujours est-il vrai qu'il ne peut pas être converti par lui-même en or ou en argent, comme le signe d'échange qu'il représente; toujours est-il vrai qu'il a besoin d'être échangé par celui qui le possède, s'il veut avoir de l'or ou de l'argent.

On pourrait dire que le papier-monnaie et le billet de banque sont des signes d'échange du signe d'échange.

Il ne suffit pas, pour compenser le désavantage du papier-monnaie et du billet de banque contre le signe d'échange, qu'il y ait nécessité de se servir du premier, et commodité d'employer le second.

Il faut de plus que l'un et l'autre présentent sûreté et sécurité tout à-la-fois; nous voulons dire qu'il faut qu'il y ait sûreté entière et complète, et de plus conviction intime que cette sûreté existe.

Si cela n'est pas, on refusera d'accepter le billet de banque, malgré sa grande commodité, parce qu'elle sera encore moins grande que le danger; on se soustraira par la même raison à la nécessité de prendre le papier-monnaie, pas toujours, il est vrai, mais en mille occasions, et toujours au détriment de la société, puisque ce ne sera qu'en suspendant l'activité des travaux et des affaires.

Cependant, jusqu'à présent, ni ceux qui ont établi des banques de circulation, ni les gouvernemens qui ont créé du papier-monnaie, n'ont pensé à donner cette garantie entière et complète dont nous parlons.

On a fondé les banques de circulation sur le crédit personnel, parce que ceux qui les fondaient étaient des banquiers qui avaient du crédit personnel, ce qui était bon pour des banques particulières ; mais en matière d'affaires publiques, les choses l'emportent toujours à la longue sur les hommes, et toutes les banques de circulation ont fini, comme cela devait être, par se laisser entraîner à des opérations qui ont ruiné leur crédit, et les ont fait mal tourner.

On a fondé les papiers-monnaie sur la foi publique ; mais les gouvernemens ont violé la foi publique, parce qu'ils étaient trop absolus, et qu'ils ne l'avaient entourée d'aucune garantie.

C'est donc faute de bases solides que toutes les banques de circulation, que tous les papiers-monnaie ont eu de funestes résultats.

Que faut-il pour qu'un papier-monnaie n'en ait pas de funestes ?

Il faut qu'il soit hors de l'atteinte du Gouvernement, qu'il soit protégé contre lui, qu'il ait la *force des choses* pour se défendre contre la *violence des hommes*.

Un papier-monnaie n'a pas une valeur intrinsèque; il faut la suppléer par une valeur réelle ; il faut qu'il soit un titre de propriété.

Un titre de propriété n'a pas une valeur intrinsèque, il n'en a pas moins une valeur réelle.

Or, les bons d'état que nous proposons sont véritablement des titres de propriété.

D'une propriété qui n'est point imaginaire et hors de notre portée, comme l'était celle des terres du Mississipi, sur lesquelles reposaient les billets de Law. La nôtre est sous nos yeux, sous notre main, pour ainsi dire. La mise en possession des forêts est aussi facile pour nous que leur existence est certaine.

D'une propriété qui n'est point vague, et indéterminée dans sa valeur, comme l'était celle des biens nationaux affectés aux assignats. La valeur des forêts est connue, elle est appréciable, elle est appréciée ; elle ne peut donner lieu à aucune surprise, elle ne peut engendrer aucunes des infidélités qui ont perdu les assignats.

Les forêts ne seront point affectées seulement à titre de gage, comme les biens nationaux l'étaient aux assignats. La propriété en sera transmise irrévocablement à la masse des porteurs de bons d'état, qui en seront propriétaires incommutables, et qui n'auront plus qu'à s'en faire la division entre eux.

C'est cette différence qui fait ici le point essentiel des choses.

Dans le système ordinaire du papier-monnaie, l'assignat a d'abord été créé; pour y donner du crédit, on l'a appuyé du gage des biens nationaux : mais on pouvait diminuer ce gage, et on le diminuait, en effet, d'autant plus que l'on émettait une plus grande somme d'assignats; l'émission à volonté n'était point interdite, n'était point difficile, il suffisait de la commander; le gage aussi était indéterminé, non évalué; l'émission était donc illimitée, et le gage illusoire; le Gouvernement l'avait moins donné qu'il ne l'avait montré. Le gage n'était vraiment acquis qu'à l'assignat, qui n'en avait plus besoin, qu'à celui qui avait été employé au paiement du prix d'un domaine acquis.

Au contraire, dans le système de nos bons d'état, la propriété des forêts sera d'abord transmise, la création des bons ne viendra qu'à la suite de cette transmission, et comme moyen d'exécution; ils ne représenteront donc que la valeur de la propriété, ils ne pourront donc pas la dépasser. Leur somme en sera limitée tout aussi bien qu'elle le serait, si c'était une compagnie tout entière qui eût acheté ces forêts, et en payât le prix avec ses traites. Le vice d'une émission immodérée qui a perdu les assignats ne pourra donc pas affecter ces bons d'état.

Craindrait-on que les forêts ne fussent retirées aux bons d'état? Les gouvernemens, à la vérité, se sont toujours montrés trop habiles à retirer ou à diminuer le gage qu'ils avaient donné à leurs créanciers : mais ici ce ne serait point un gage qu'on attaquerait, ce serait une propriété même qu'on enleverait. Les créanciers auront cessé de l'être; ils seront devenus propriétaires incommutables des forêts; et par les principes de l'éternelle justice que la Charte déclare être applicables du Gouvernement aux sujets, comme des sujets les uns aux autres; et par la Charte elle-même, qui ordonne d'une manière implicite, à la vérité, mais non moins positive, que la France sera liquidée; et par l'acte législatif, qui reconnaîtra qu'elle ne peut l'être que par l'abandon de ses forêts, tout mode de liquidation, par des emprunts ou des créations de rentes, n'étant qu'une promesse de liquidation.

Or, de quel droit enleverait-on la propriété des forêts aux porteurs des bons? Collective, serait-elle moins sacrée qu'individuelle? Le titre provisoire (le bon d'état) serait-il moins respectable que le titre définitif, que le procès-verbal d'adjudication, qui fera la part de chacun ? ou bien un droit de propriété transmis par l'Etat pourrait-il être violé, sans qu'un droit de propriété, transmis par un simple particulier, cessât d'être inviolable ?

Se permettre un pareil acte serait détruire toute idée de justice et d'ordre public, serait fouler aux pieds les droits sacrés de la propriété, serait renverser la Charte, serait compromettre la tranquillité de la France, peut-être celle de l'Europe ; serait attaquer même le principe de la légitimité, puisque la légitimité est fondée sur le droit de propriété.

Les malheurs qui suivraient un acte aussi injuste doivent en prévenir jusqu'à l'idée.

Ajoutons que, fût-elle conçue, elle serait inexécutable : car il faudrait le concours et du pouvoir royal et du pouvoir ministériel, et des deux Chambres ; et l'on ne peut pas raisonnablement supposer que ces quatre autorités consentiraient à-la-fois à manquer à leurs devoirs, quand encore tant de personnes parmi elles, qui posséderaient des bons d'état, seraient intéressées personnellement à être justes, à exécuter les lois et à suivre la Charte.

Eh bien ! dira-t-on, si le Gouvernement ne

peut pas retirer les forêts aux bons d'état, il abusera de la faculté de faire de ces bons comme tous les gouvernemens ont abusé des papiers-monnaie, et il arrivera aux bons d'état ce qui est arrivé aux assignats et aux billets de Law; après avoir fait renchérir les prix de toutes choses, ce nouveau papier finira par mourir dans les mains de ceux qui le posséderont.

Nous avons fait voir la différence qui se trouve entre le système de création des assignats et celui de nos bons d'état, différence qui consiste essentiellement en ceci, que les domaines nationaux n'étaient que le gage des assignats, tandis que nos bons d'état seront les titres de propriété des forêts. Nous avons expliqué comment il résulte de cette différence que l'on a pu, sans paraître manquer textuellement à la foi promise, quoiqu'on y manquât vraiment, augmenter, tant qu'on a voulu, le nombre des assignats, et en créer pour 45 milliards; mais comment il en résulte aussi, qu'il est moralement impossible que l'on augmente les bons d'état une fois créés, et que leur somme numérique dépasse la valeur des forêts, dépasse un milliard (1); car c'est à cette somme que tous les calculs s'accordent à faire monter la valeur des forêts.

(1) Peut-être n'en faudrait-il créer que pour 800 millions; nos combinaisons n'en seraient point dérangées.

Ajoutons à cette garantie morale une garantie *matérielle*, afin que rien ne manque à la sécurité du porteur de nos bons d'état, non plus qu'à sa sûreté ; afin que, comme nous en avons plus haut démontré la nécessité, il y ait la force des choses pour surmonter la violence des hommes.

Rien de plus facile.

CHAPITRE XXI.

Du mode de création des bons d'Etat.

Nous avons dit plus haut, au chapitre du mode de vente des forêts, que le Gouvernement, déterminé à les vendre (et nous avons prouvé qu'il doit s'y déterminer), pouvait donner à ses créanciers, porteurs de créances exigibles, des assignations sur ses forêts en même tems qu'il les mettrait en vente, et depuis nous avons appelé ces assignations bons d'état.

Ayant promis à notre lecteur de faire notre ouvrage avec lui, nous avons dû, pour l'ordre naturel des idées, procéder, comme nous l'avons fait, sans entrer en plus ample explication, n'ayant besoin alors que de lui montrer la nécessité de la vente des forêts, et de lui indiquer un mode de vente qui ne fût pas préjudiciable aux intérêts de l'Etat.

Maintenant que le fond des choses est établi, déterminons bien les formes, expliquons-nous bien.

Le Gouvernement doit vendre les forêts; mais les bons d'état qu'il aura à donner en paiement des créances exigibles, ce n'est point à lui à les faire, parce qu'ils sont le prix ou la valeur des forêts; il doit seulement les contrôler, les certifier, les consacrer en quelque sorte par l'empreinte de l'effigie du prince qui en constatera la valeur, comme elle constate le titre et la valeur du métal sur les pièces d'or ou d'argent qui servent de monnaie.

Par qui donc seront faits, seront souscrits les bons d'Etat?

Dans un acte de vente, il y a deux parties qui contractent: ce sont ici la France ou l'Etat, d'une part, et de l'autre, ses créanciers.

Ceux-ci ne sont pas encore connus tous: la somme due à chacun n'est pas encore bien déterminée, du moins quant à un grand nombre d'entr'eux. Ils sont disséminés aussi en France; mais pour cela ils n'en existent pas moins.

L'Etat est représenté par son chef, le Roi, qui agit au moyen du Gouvernement.

Les créanciers doivent l'être aussi ; ils ne peuvent agir que par des mandataires qu'ils nommeraient, s'ils étaient réunis : le choix de ces mandataires est tout aussi simple, tout aussi naturel à faire que leur mission sera facile ; car ils n'auront pas à s'engager, ils n'auront qu'à recevoir : c'est une mission que le moins éclairé des hommes pourrait remplir ; elle sera remplie ici par des hommes qui méritent sous tous les rapports, et ont déjà la confiance de leurs concitoyens. Ce seront les juges de tribunaux d'appel, de première instance, de commerce, les juges de paix des villes, les notaires et les avoués des bonnes villes.

Ainsi, le décret qui fera vente aux créanciers de l'Etat de ses forêts pour remplir chacun d'eux du montant de ses créances, quand elles auront été reconnues et liquidées sévèrement, mais avec justice, préposera les fonctionnaires publics que nous venons de désigner, à l'effet de souscrire et signer pour un milliard de bons d'état, qui feront le prix provisoirement fixé des forêts, sauf à profiter par la France de la plus-value qui résultera de la vente par adjudication de ses forêts, par portions déterminées, au plus offrant et dernier enchérisseur, ou à supporter la diminution du prix, s'il y en avait, la vente actuelle n'étant faite que sous cette condition qui convient également à l'une et à l'autre des parties contractantes.

Voici de quelle manière seront divisés, souscrits et confectionnés ces bons d'état, dont la somme totale, avons-nous dit, montera à un milliard de francs :

Quant à la division première et générale,

50,000 billets seront chacun de. . . .	2000 fr.,	en tout	100,000,000
100,000 de. . . .	1000		100,000,000
200,000 de. . . .	500		100,000,000
300,000 de. . . .	300		90,000,000
500,000 de. . . .	200		100,000,000
1,000,000 de. . . .	100		100,000,000
2,000,000 de. . . .	50		100,000,000
4,000,000 de. . . .	25		100,000,000
10,000,000 de. . . .	10		100,000,000
22,000,000 de. . . .	5		110,000,000
40,150,000			1,000,000,000

Indépendamment de cette première division indispensable des bons d'état, ils seront divisés encore par séries, dont chacune comprendra un nombre déterminé de bons d'état portant chacun un numéro particulier, et chaque bon d'état de chaque série sera signé par un des fonctionnaires publics en question, nommé commissaire *ad hoc*; et il sera en outre contresigné par un autre commissaire *ad hoc* pris parmi ces mêmes fonctionnaires.

La liste générale de ces signataires contenant leur nom et leur qualité, désignant la série, le numéro, la quantité et la somme totale et particulière de tous les bons ainsi signés et contresignés, sera imprimée, affichée dans tous les tribunaux, chefs-lieux de département et de canton, et rendue publique par tous les moyens possibles, de manière qu'il puisse être vérifié à toute heure, et par chacun, que tel bon d'état, de telle somme, de telle série, portant tel numéro, n'a pu être signé que par tel fonctionnaire public et contresigné que par tel autre; de manière encore que toute personne puisse, à la seule inspection de cette liste, reconnaître et vérifier que l'ensemble des bons d'états souscrits n'excède pas un milliard. Ces listes seront certifiées par le ministre des finances et le garde-des-sceaux de France, sous leur responsabilité personnelle.

Aucun des commissaires nommés ne pourra signer et contresigner au-delà de la somme de bons d'état, ou d'autres bons, que ceux pour lesquels il aura été nommé commissaire, sous peine de forfaiture et de concussion, et de tous autres dépens, dommages et intérêts, et d'être personnellement responsable du montant des bons d'états autres que ceux qu'il devait seulement signer ou contresigner.

Les bons d'état ainsi souscrits, sur papier fabriqué d'une manière particulière, avec toutes les précautions convenables, et de la nature de celles qui sont employées pour la fabrication des billets de banque, seront contrôlés et signés encore par deux agens préposés par le ministre des finances; et nulle émission de ces bons d'état n'aura lieu qu'après que la vérification de leur quantité, de leur somme totale, et de celle de chacun d'eux, et de la signature des commissaires et agens, aura été faite par des membres délégués à cet effet par la cour des pairs, de la Chambre des députés, de la cour des comptes, et qu'après encore que l'excédant des papiers fabriqués pour la confection des bons aura été brûlé publiquement, et les planches d'impression, les coins de timbre sec et autres, celui de l'effigie du Roi, que porteront les bons d'état, auront été également brisés en public. De toutes lesquelles opérations, faites avec solennité et le plus grand soin, il sera dressé procès-verbal quadruple, l'un pour le trésor public, l'autre pour la cour des pairs, un pour la Chambre des députés, et le quatrième pour la cour des comptes.

Maintenant, nous le demandons aux personnes qui sont les plus prévenues contre les papiers-monnaie, par la raison que tous les gouvernemens ont toujours abusé de la faculté d'en émettre à volonté, est-il possible que de la manière dont sont créés les bons d'état, avec les précautions dont nous entourons leur confection, est-il possible (nous le demandons) qu'il en soit émis jamais pour plus d'un milliard?

Si l'on s'obstine à le craindre, qu'on nous dise donc comment pourrait s'y prendre le Gouvernement (le supposât-on le plus absolu, le plus déhonté, le plus violent de tous les gouvernemens) pour déterminer, pour forcer 4 à 5 mille fonctionnaires publics, répandus sur la surface de la France, à signer une plus grande somme de billets que celle pour laquelle ils auront reçu leur mandat spécial, mais limité, sous les peines si graves que nous avons vues; qu'on nous dise seulement comment, à moins de supposer encore le Gouvernement livré aux mains des hommes les plus fous de la terre, l'idée d'une pareille iniquité pourrait être conçue par lui, avec un seul instant d'espérance qu'il en profiterait, en trouvant, par une continuité non interrompue de miracles, le moyen de faire que le secret de cette horreur ne fût pas divulgué dès le premier jour. Oui, nous osons l'avancer, vingt Buonaparte, avec toute leur violence (si la nature pouvait en enfanter vingt à-la-fois sans périr dans d'horribles convulsions), ne parviendraient pas à forcer la résistance de nos combinaisons, émettre quelques millions de plus que notre milliard de bons d'état.

Plusieurs de nos rois sont parvenus, quand ils l'ont voulu, à altérer la valeur intrinsèque du signe d'échange, c'est-à-dire des monnaies d'or et d'argent, et ils l'ont fait avec toute facilité, sans éprouver d'obstacles; mais nous défierions le gouvernement constitutionnel d'altérer le moins du monde la valeur réelle de notre signe représentatif, tout simple papier qu'il soit; en sorte qu'un vil chiffon de papier présente aujourd'hui, par les heureux effets de la Charte (car, s'il y a quelque mérite dans nos combinaisons, il faut le rapporter à la Charte, au prince qui nous l'a donnée); présente plus de solidité, plus de résistance contre la violence et l'injustice se couvrant du nom de l'autorité, que n'en ont présenté dans aucun tems de la monarchie absolue les métaux les plus précieux et les plus inaltérables. Qu'on juge par ce seul fait lequel des deux gouvernemens, de la monarchie absolue ou de la monarchie constitutionnelle, les peuples doivent préférer. Tout est possible, dans une monarchie absolue, au prince qui veut ruiner, écraser les peuples; il parvient jusqu'à faire un mal du bien même. Tout est possible dans une monarchie constitutionnelle au prince qui veut gouverner dans l'intérêt de son pays. Il trouve dans la profondeur même du mal, des sources de bien. Notre vertueux monarque nous en donne des preuves tous les jours.

Les objections que l'on fait contre les papiers-monnaie en général, sont qu'un papier-monnaie est sans gages, qu'il ne donne aucune garantie que l'émission n'en sera pas immodérée, qu'il chasse naturellement le numéraire, à la place duquel on l'a substitué, et enfin, que c'est par tous ces vices qu'il fait hausser le prix des marchandises.

Nous avons répondu à toutes ces objections, et nous les avons complètement détruites : faisons remarquer seulement que notre idée de faire circuler le numéraire, concurremment avec nos bons d'état, n'est pas moins neuve que celle par laquelle nous sommes parvenus à faire de ces bons de vrais titres de propriété; n'est pas moins neuve que l'autre idée, dont le développement garantit matériellement que l'émission de nos bons ne pourra pas excéder un milliard. L'emploi que l'on sera obligé de faire simultanément du numéraire et des bons d'état dans tous les paiemens, loin de chasser le numéraire, le fera sortir, en ce que les bons d'état faisant office d'un signe de change, qui manque dans la circulation, et manquerait tous les jours de plus en plus, créeront des affaires et des entreprises, et raviveront des travaux, qui ne sont arrêtés que faute de moyens. Au reste, que le Gouvernement se garde bien de proscrire la négociation sur la place des bons d'état; la liberté la plus entière doit être laissée à cet égard, comme elle devrait l'être sur bien d'autres choses.

Rélativement à la dernière objection, qui est que c'est par l'effet de tous les vices des pays papiers-monnaie que hausse le prix des marchandises dans tous les pays où elles ne sont pas payées en numéraire, disons que cet effet ne doit pas résulter de nos bons d'état, s'ils ne sont entachés d'aucuns vices ordinaires aux papiers-monnaie connus jusqu'à ce jour, et créés sur un système tout-à-fait opposé au nôtre. Nous irons même plus loin, et nous aurons la franchise de regretter que nos bons d'état ne soient pas dans le cas de perdre quelque chose contre argent; car la perte qu'ils éprouveraient ne ferait que rétablir l'équilibre rompu, en ce moment, entre la valeur des terres et des marchandises et le signe représentatif.

Ainsi doit se dissiper ce grand effroi qui nous saisissait tous au seul mot de papier-monnaie. Nous n'imiterons pas ces chevaux ombrageux qui, effrayés d'un objet qu'ils n'ont pas eu le loisir d'envisager, font un écart, et vont se précipiter avec leur cavalier dans le gouffre voisin. Nous nous sommes arrêtés ; nous l'avons considéré cet effrayant objet, que nous prenions pour du papier-monnaie, et nous sommes rassurés : ce sont des titres de propriété qui ne lui ressemblent en rien.

Terminons ce chapitre en faisant observer que les billets de banque auxquels personne ne refuse sa confiance, sont moins bons, offrent moins de garantie que n'en offrent nos bons d'état, puisqu'ils n'ont qu'une valeur représentative, et représentative encore de papiers (des traites, billets et autres effets escomptés par la banque), tandis que nos bons d'état seront un titre de propriété de biens-fonds, auront véritablement une valeur intrinsèque. Il y a donc entr'eux la même différence, toute à l'avantage des bons d'état, que celle qui existe entre la marchandise ou l'objet réel et le signe représentatif.

Ajoutons que, de l'aveu même de Smith et des meilleurs écrivains en économie politique les plus prononcés contre les papiers-monnaie, les papiers-monnaie et les billets de banque ne sont dangereux que, lorsqu'émis en trop grande quantité, ils remplacent un numéraire qui existait et suffisait, mais qui alors s'enfuit au-dehors, ou se cache, ou bien quand on prétend se servir d'eux pour représenter, pour faire circuler toutes les propriétés foncières, ou une trop grande quantité de propriétés foncières d'un pays, ou encore des propriétés imaginaires et insaisissables d'un pays éloigné; et c'est là, en effet, ce qui a vicié les billets de Law, qui reposaient sur les terres du Missisipi; et les assignats qui, reposant sur les valeurs inappréciées des domaines nationaux, ont été émis, nous l'avons dit déjà, jusqu'à concurrence de 45 milliards. Nos bons d'état ne dépassent pas, et ne peuvent pas dépasser un milliard. Or, ce n'est guère que la somme de numéraire que nos paiemens de la contribution de guerre feront réellement sortir de France, et enlèveront aux besoins indispensables de notre circulation; ils ne représentent d'ailleurs qu'une petite portion des propriétés foncières de la France, que des forêts dont la valeur est bien connue, bien appréciée, bien positive, sur lesquels enfin on ne peut pas séduire l'imagination.

CHAPITRE XXII.

Du mode de paiement en numéraire et en bons d'état.

Nos plus petits bons d'état ne sont point au-dessous de 5 fr.; on pourrait en faire de 2 fr. 50 c., ou même de 1 fr., si l'on jugeait à propos, en changeant notre grande et première division, avec la seule attention que la totalité des bons d'état émis ne dépassât pas la somme d'un milliard; nous pensons qu'il vaut mieux que les plus faibles bons d'état soient de 5 fr., afin de rendre plus active la circulation de la petite monnaie, et de la monnaie de billon.

Cela posé, voici comment se feront les paiemens :

Règle générale : tous les appoints seront payés en petite monnaie d'argent, ou en monnaie de billon; il en sera de même de toute somme au-dessous de 5 fr. : en revanche, toute somme de 5 fr. pourra être payée en un bon d'état, attendu l'impossibilité qu'il y aurait de donner les deux tiers de cette somme en bons d'état, puisqu'il n'y en aura point au-dessous de cent sous, et attendu le principe général ci-après applicable dans tous les paiemens.

Ce principe est que toutes les fois que la somme à payer pour les deux tiers en bon excède la moitié du bon de 5 fr., il n'y a plus de tiers de 5 fr. à payer en numéraire ; mais le bon de 5 fr. est reçu pour la totalité, et celui qui le reçoit est tenu de rendre la différence en monnaie de billon.

Ainsi, toute somme au-dessous de 5 fr. est payable en argent ; toute somme de 5 fr. est payable en un bon ; la somme de 6 fr. est payable 5 fr. en bon et 1 fr. en monnaie, attendu que cette somme devrait être payée, savoir : 2 fr. en argent et 4 fr. en un bon ; toute somme intermédiaire entre 5 et 6 fr. payable sur les mêmes principes, savoir, 5 fr. en bon et le surplus en monnaie.

La somme de 7 fr. est payable 5 fr. en bon et 2 fr. en argent.

Toute somme intermédiaire entre 6 et 7 fr. payable, savoir, 5 fr. en bon et le surplus en monnaie.

La somme de 8 fr. payable avec un bon de

5 fr., et 2 fr. 67 c. en argent ou monnaie de billon, et 33 c. en pareille monnaie.

Toute somme intermédiaire entre 7 et 8 fr. payable avec un bon de 5 fr., et le surplus en monnaie.

La somme de 9 fr. payable 5 fr. en un bon, 3 fr. en argent et 1 fr. en argent ou en monnaie de billon, en tout 4 fr. en argent ou monnaie.

Toute somme de 8 à 9 fr. est payable sur les mêmes principes.

La somme de 10 fr. payable 5 fr. en un bon, 3 fr. 33 c. payable en argent, et 1 fr. 67 c en appoint on monnaie de billon, ce qui fait 5 fr. en argent ou appoint.

Toute somme de 9 à 10 fr. payable sur les mêmes principes.

La somme de 11 fr. payable 5 fr. en un bon, 3 fr. 67 c. en argent, 2 fr. 33 c. en appoint ou monnaie de billon, ce qui fait en argent et appoint 6 fr.

La somme de 12 fr. payable 5 fr. en un bon, 4 fr. en argent et 3 fr. en monnaie de billon, ce qui fait 7 fr. en argent et monnaie.

La somme de 13 fr. payable 5 fr. en un bon, 4 fr. 33 c. en argent, 3 fr. 67 c. en appoint: en argent donc et en appoint 8 fr.

La somme de 14 fr. payable 5 fr. en un bon, 4 fr. 67 c. en argent, et 4 fr. 33 c. en appoint, ou au total en argent et appoint 9 fr.

La somme de 15 fr. payable 10 fr. en un bon et 5 fr. en argent.

La somme de 16 fr. payable 10 fr. en bons, 5 fr. en argent, et 1 fr. en monnaie de billon; et ainsi du reste.

CHAPITRE XXIII.

De l'émission et de l'emploi des bons d'état.

Ce milliard de bons d'état ainsi créé serait mis à la disposition du Gouvernement, pour en être fait emploi par lui au fur et à mesure de ses besoins, après qu'ils auraient été préalablement déterminés par les Chambres sur les propositions qu'il lui ferait, et la connaissance qu'il lui donnerait de la situation des affaires. Il ne serait préjudicié en rien au droit qu'ont les Chambres d'arrêter le budget et de fixer les dépenses et les recettes annuelles de chaque année; mais il serait arrêté en principe que d'ici à ce que la misère publique fût diminuée, d'ici à quatre ans par exemple (la reprise des travaux et des affaires, qui sera la suite de notre nouveau Système de finances et de notre Plan de liquidation générale, devant opérer cet heureux changement dans la situation des peuples); les recettes ordinaires annuelles ne pourront excéder, sous quelque prétexte que ce soit, 600 millions, frais de perception compris, mais indépendamment de la contribution qui résulte de l'établissement de la garde nationale. Toute réduction possible sera faite dans les dépenses ordinaires de chaque département, pour qu'elles n'outrepassent pas dans leur ensemble le montant général des recettes : s'il arrivait qu'il y eût un déficit, il serait couvert à l'aide des moyens extraordinaires que fournit la création des bons d'état; mais qu'on ne perde point de vue que la plus grande économie doit être appelée à notre secours, et que c'est aux chefs de la nation à lui donner l'exemple de cette vertu devenue aujourd'hui d'une indispensable nécessité; qu'on se pénètre bien sur-tout de cette idée, que nos moyens extraordinaires d'un milliard sont destinés particulièrement à nous débarrasser de l'étranger et à raviver en France les travaux de toute espèce : si nous ne payons pas l'étranger, nous serons dévorés par lui; mais si nous ne faisons pas reprendre les travaux et dans les villes et dans les campagnes, nous péririons dévorés par la faim.

Il n'entre pas dans le plan de notre travail de présenter le budget de 1817; nous manquons d'ailleurs des élémens indispensables pour le faire avec toute la précision qu'on devrait y mettre, et que nous regrettons d'avoir si rarement trouvée dans les budgets; car nous voyons que depuis nombre d'années il y a tous les ans des mécomptes, des déficits qui, tous les ans, augmentent de plus en plus. Ce ne sera guère que vers la fin de l'année qu'on pourra bien apprécier le déficit de 1817; mais nous craignons de ne pas nous tromper en avançant qu'il ne sera pas au-dessous de trois cent millions. On eût jeté la pierre à qui eût osé annoncer qu'il serait tel quand on a présenté le budget : eh bien! nous osons prédire qu'il serait encore plus fort en 1817 qu'en 1816, et en 1818 qu'en 1817, et ainsi de suite jusqu'à ce qu'il arrivât une catastrophe, si l'on s'opiniâtrait à suivre les fausses idées sur lesquelles porte le système actuel de nos finances, à n'avoir aucun égard à la misère des peuples, à leur demander tout ce dont on prétend avoir besoin, à regarder comme indifférent de violer la justice et la Charte, et à croire qu'on libère une nation avec des emprunts ou des créations de rente, à un intérêt de 15 ou 20 pour cent pour le moins. Quoi qu'il en soit, nous pouvons dire que, d'après tous les aperçus de situation de nos finances, dont la connaissance a été rendue publique, un secours extraordinaire d'un milliard, tel que celui que nous proposons, suffirait, si même il n'était pas plus que suffisant, sur-tout d'après le parti que nous prenons de laisser exister les reconnaissances données en paîement aux créanciers de l'arriéré, et de leur tenir compte seulement de la perte qu'ils éprouvent par ce mode de liquidation, en leur accordant une indemnité de 40 pour cent; car nous estimons que c'est à cela qu'on peut évaluer leur perte, en prenant un terme moyen. Au surplus, si nous nous trompions à cet égard, notre erreur serait bien facile à rectifier, et il serait juste de le faire.

Pour en revenir au mode d'emploi des bons d'état, et à la manière dont ils seraient répandus dans le public, nous avons dit qu'ils seraient reçus dans tous les paiemens, tant aux caisses publiques qu'entre particuliers, jusqu'à concurrence des deux tiers de la somme payée, l'autre tiers étant payable en numéraire. Mais il faut un commencement à tout. Le Gouvernement ne reçoit point actuellement des contribuables suffisamment d'argent pour pouvoir payer le tiers qu'il aurait à payer en numéraire aux habitans des campagnes, à ceux des villes qui ont été pillés, aux créanciers de l'emprunt de 100 millions, à ceux de l'arriéré qui existait à l'époque du dernier budget, et à ceux de l'arriéré nouveau qui sera reconnu exister au 1er janvier 1817. Il est donc indispensable que tous les paiemens que le Gouvernement aura à faire pour ces causes soient faits entièrement en bons d'état, sans que ceux qui auront à recevoir prétendent réclamer comme une justice, comme une exécution de la loi, le tiers de leurs sommes en numéraire. Ils auront à considérer la nécessité de commencer un ordre de choses dans lequel ils trouveront de grands avantages et une justice qui sans lui leur serait échappée. Mais pour tous les autres paiemens que le Gouvernement aura à faire, comme ceux des arrérages de la dette constituée et ceux de tous les services courans, ils seront faits suivant la nouvelle loi, un tiers en numéraire, et les deux autres tiers en bons d'état.

Il n'y aura que les paiemens à faire aux étrangers, à cause des contributions de guerre qu'ils nous ont imposées, qu'il faudra effectuer entièrement en numéraire ; mais cette obligation existe aujourd'hui pour la France, et sa position à cet égard n'est pas empirée par notre plan. Qui sait même si notre nouveau système, bien fait pour les rassurer, puisqu'il leur montre toutes nos ressources, et des ressources prises en nous-mêmes et non pas fondées sur un agiotage et une usure qui finiraient par entraîner très-promptement la France jusqu'au fond de l'abîme ; qui sait si notre nouveau système ne les amènerait pas à des compositions, des arrangemens, des facilités, peut-être même à accepter de nos bons d'état en paiement, avec lesquels des sujets des puissances étrangères deviendraient propriétaires en France, et par cela seul seraient intéressés au rétablissement de nos affaires ?

CHAPITRE XXIV.

D'un moyen de Surérogation.

S'IL arrivait (ce qui ne nous paraît pas probable) que le tableau général des dettes de la France, qui est à faire pour parvenir à la liquidation que nous proposons, apprît qu'un milliard n'est pas suffisant pour faire face au paiement de toutes les sommes exigibles, sans demander, d'ici à 1821, plus de 600 millions d'impôts aux peuples, voici le moyen surérogatoire qu'on emploierait : on créerait, pour donner en paiement, en guise du tiers qui serait payable en argent, aux créanciers des arriérés, et autres qui sont dans la même classe, et auxquels, à défaut d'argent, nous voulions donner ce tiers en bons d'état; on créerait, disons-nous, des annuités productibles d'intérêts à 5 pour 100 l'an, et remboursables par dixième d'année en année par la voie du sort, à partir de 1826.

Ces annuités n'auraient point cours forcé de papier-monnaie; mais elles seraient au porteur et négociables sans frais sur la place. Nous estimons qu'en supposant toutes les choses au pire état, 200 millions de ces annuités ainsi créées donneraient aux finances du royaume toute la latitude possible. On peut raisonnablement penser que ces annuités inspireraient toute confiance, et perdraient très-peu de chose à la négociation. Au reste, que les créanciers de l'arriéré et autres de la même classe, qui croiraient avoir à se plaindre d'être obligés de prendre de ces annuités en paiement au lieu d'argent ou de bons d'état, se rappellent les raisons que nous leur avons données dans le chapitre précédent.

CHAPITRE XXV.

Des Objections contre la Vente des forêts.

On fait contre la vente des forêts plusieurs objections qui n'ont pas plus de force les unes que les autres.

On objecte dans l'intérêt général que si la France vend ses forêts, elle manquera de bois sous peu d'années, parce que chaque acquéreur anticipera ses coupes pour faire de l'argent. On se trompe; chacun suit son intérêt: si l'idée de faire des coupes extraordinaires gagnait trop, le prix des bois tomberait au point qu'il y aurait à perdre pour ceux qui auraient à en vendre : ils s'arrêteraient donc alors, avertis qu'ils seraient par les marchands de bois, toujours au courant de ce qui concerne leur commerce; et l'avertissement ne serait ni long ni difficile à donner de la part de ceux-ci. Il leur suffirait de mésoffrir, sur le prix courant, s'ils ne refusaient tout-à-fait d'acheter, à cause de la trop grande quantité de bois déjà abattus. C'est ce qui vient d'arriver dans ces derniers tems ; beaucoup de propriétaires, privés de leurs revenus accoutumés, avaient imaginé de recourir à des coupes extraordinaires, mais la majeure partie s'est arrêtée, quand elle a reconnu que la concurrence des vendeurs faisait trop baisser le prix des bois.

On suppose toujours trop gratuitement que les particuliers entendent moins bien leurs intérêts que les agens du Gouvernement n'entendent les siens. Quelque bonne que soit une administration publique, elle l'est toujours moins, elle est toujours plus dispendieuse que celle du père de famille qui régit dans sa propre affaire. Cela s'explique de reste par les formes dont sont entourées les administrations publiques, et qui ne peuvent être observées qu'à force de monde.

Il serait difficile d'en trouver une mieux montée, composée de plus d'hommes probes, vigilans, et instruits de tout ce qu'ils doivent savoir, que l'administration des forêts. Avec cela, elle est loin de faire ce que ferait à sa place un propriétaire qui agirait pour son propre compte. Elle manque aussi des fonds qui lui seraient nécessaires pour le repeuplement des forêts, et nous n'exagérons pas en disant qu'il y a un bon douzième des forêts à replanter. Ces fonds lui manqueront long-tems encore par l'embarras où sont nos finances. Les forêts une fois vendues, elles seront bientôt replantées par les acquéreurs, et mises dans le meilleur état, pour peu qu'on cesse de décourager le propriétaire foncier.

Ainsi disparaît l'objection que l'on faisait, au nom de l'intérêt général, contre la vente des forêts. Cette objection tourne même en argument en faveur de l'aliénation. Elle ne nuira point à l'intérêt général, qui sera, au contraire, servi par l'intérêt particulier qu'aura chaque acquéreur à bien entretenir, à améliorer la portion de bois par lui acquise, comme cela est arrivé lors de la vente des biens nationaux ; nous en avons pour garans et le raisonnement et l'expérience.

Toutefois nous ne négligerons pas d'appeler au secours de l'intérêt général, contre quelques erreurs isolées, les lois qui existent sur la matière, et notamment l'ordonnance des eaux et forêts. Ces lois ont toujours été exécutées par les propriétaires de bois particuliers, quand on y a tenu la main ; elles le seront de même par les nouveaux propriétaires que fera la vente des forêts. L'administration générale devra être conservée, en partie du moins, pour veiller à l'observance de ces lois ; une autre partie, la partie subalterne, sera employée par les acquéreurs. L'intérêt particulier de l'administration générale souffrira donc peu de la vente des forêts ; mais, dût-elle en souffrir, il serait juste qu'elle cédât au bien public, comme il le sera que ceux des employés qui perdront leur place soient dédommagés par d'autres emplois ou par des pensions de retraite.

Allons plus loin : quand nous n'aurions pas résolu, aussi complètement que nous l'avons fait, cette prétendue objection tirée de l'intérêt général, est-ce qu'il y a des objections à faire contre la justice, contre l'obligation de payer les créanciers de l'Etat, contre celle d'exécuter la Charte, contre la nécessité de faire cesser la misère des peuples, d'asseoir la tranquillité de la France, de lui épargner de nouveaux troubles, qui seraient l'infaillible résultat du désordre de ses finances, si l'on n'y mettait un terme? Qu'on vende les forêts (car nous avons vu que c'est le seul moyen d'exécuter la Charte), et la France revient à un état prospère; qu'on ne les vende pas, tout est à craindre pour elle : tous les maux sont à souffrir par les peuples et par le Gouvernement, qui ne sortira jamais d'embarras.

Mais nous sommes bien bons d'accorder que l'objection en question est faite dans l'intérêt général : elle n'a été dictée que par l'intérêt particulier, qui se couvrait du masque du bien public; il n'a pas tardé à tomber; et ceux qui la faisaient se sont bientôt expliqués nettement : ils veulent réserver les forêts pour les rendre au clergé. Laissons M. le rapporteur de la commission du budget de 1816 de la Chambre des pairs répondre aux auteurs de l'objection.

« On a ensuite objecté, dit-il, que l'Etat » n'était pas propriétaire des bois, et que ces » bois étaient une propriété du clergé.

» Une propriété du clergé! Tout le monde » sait qu'il a existé de tout tems, et qu'il existe » encore en France, un clergé illustre par sa » piété et par ses lumières, par sa fidélité en- » vers nos Rois, par son courageux dévoue- » ment à la saine doctrine et aux libertés de » l'Eglise gallicane; mais un clergé proprié- » taire, un clergé capable de posséder, d'a- » gir en jugement, de stipuler, enfin d'exercer » des droits temporels comme une personne » civile, ou comme une corporation légale- » ment constituée, à l'effet de traiter et tran- » siger en nom collectif sur des intérêts mo- » biliers ou immobiliers, c'est ce qui n'a ja- » mais existé; c'est une création purement » chimérique, enfantée par l'imagination de » ceux qui ont jugé à propos d'élever cette » étrange objection.

» Parmi les bois qui composent aujourd'hui

» le domaine de l'Etat, il en est plusieurs
» qui ont formé la propriété usufruitière at-
» tachée à des abbayes, à des prieurés, à des
» bénéfices séculiers et réguliers, qui sont tous
» supprimés depuis un quart de siècle. La
» suppression des bénéfices a fait entrer les
» biens qui y étaient attachés dans la classe
» des biens vacans. Un bénéfice qui n'existe
» plus peut-il avoir un titulaire, et peut-on
» concevoir qu'un droit temporel quelconque
» ait pu survivre à l'extinction du bénéfice?
» Qu'on nous indique donc quel est le pro-
» priétaire qui a conservé ou transmis le droit
» de réclamer; qu'on nous dise sur quelle tête
» a pu reposer ce prétendu droit de propriété,
» sur lequel se fonde l'objection. Si ces biens
» sont devenus le patrimoine de l'Etat, ce
» n'est point aux dépens du patrimoine de la
» famille; ce n'est point en vertu de la loi
» odieuse de la confiscation. La justice et la
» générosité du Roi ont pour jamais aboli
» cette loi fatale, devant laquelle tremblait à
» tout moment la propriété héréditaire; il a
» fermé cette source impure; il ne veut pas
» que dorénavant elle vienne alimenter le tré-
» sor royal. Mais c'est en vertu d'un droit
» d'une toute autre nature que le temporel
» des bénéfices supprimés s'est réuni au do-

» maine; c'est en vertu d'un droit régalien, » de ce droit qui, dans tous les tems et dans » tous les pays, a été inhérent à la souverai- » neté; ce droit de déshérence, qui confère à » l'Etat la pleine et entière propriété de tous » les biens qui n'ont plus de propriétaire. »

A cette réponse péremptoire, oserons-nous ajouter une observation? C'est que les auteurs de l'objection ont trop montré, en la faisant, qu'ils ne veulent pas de la Charte, et sont disposés à la repousser par tous les moyens qui sont en leur pouvoir, puisqu'ils ne craignent pas d'y employer celui d'une injustice révoltante, celui qui prolongerait la misère des peuples, sans considérer quelles en seraient les suites; c'est qu'ils nous ont avertis qu'ils veulent rétablir et l'ancien corps du clergé avec ses prérogatives et ses priviléges, et l'ancien corps de la noblesse avec ses prérogatives et ses priviléges, et toutes les institutions de la féodalité, et celles d'un ordre de choses que la Charte a proscrit. L'avertissement doit nous servir, et quand il n'y aurait qu'un simple avantage pécuniaire pour le Gouvernement à vendre les forêts, quand le besoin de la justice, la nécessité de remplir ses engagemens et de faire cesser l'état de crise où est la France, ne ferait pas de cette vente une loi impérieuse, nous disons qu'il faudrait la faire, pour ôter aux ennemis de la Charte le criminel espoir de la renverser, et de nous ramener à un ordre de choses sur lequel ils seraient bientôt eux-mêmes en discord, parce qu'ils ne sauraient où ils devraient s'arrêter, si ce doit être à l'époque de 1789, ou à celle de la mort de Louis XIV, ou aux époques des guerres de la Fronde, des guerres de la Ligue, du règne de Charles VI, du règne de Louis-le-Gros, ou à l'époque encore de l'élévation au trône de la dynastie capétienne.

Une autre objection qui a été faite encore au nom de l'intérêt général contre la vente des forêts, est qu'il faut les réserver comme ressource pour le cas d'un grand malheur public. Nous félicitons les auteurs de l'objection de leur courage à supporter le malheur..... d'autrui; mais qu'ils nous disent donc quel plus grand malheur il peut y avoir pour la France que celui de voir les étrangers maîtres de ses places, et s'il y aura jamais une raison plus forte, pour user de toutes ses ressources, que celle de payer sa rançon, d'empêcher qu'elle ne soit démembrée, et que l'excès de la misère ne porte les peuples au plus horrible désespoir.

CHAPITRE XXVI.

Des avantages qui résulteront de la vente des forêts.

Nous avons assez fait sentir dans tout le cours de ce Mémoire les avantages qui résulteront de la vente des forêts et de la liquidation générale qui en sera la suite, pour que nous soyons dispensés d'entrer ici dans de nouveaux développemens. Disons seulement que tout fait espérer que les forêts se vendront à deux ou trois pour cent du capital qu'ils feront rentrer ; on concevra facilement cet espoir, si l'on réfléchit sur notre mode de vente et sur les effets de la concurrence qui s'établira entre les porteurs de bons d'état. Que l'on compare après cela notre projet de finance avec tous ceux publiés jusqu'à ce jour, qui n'imaginent rien autre chose que des emprunts ou des créations de rentes. Par notre projet, il n'en coûte à la France, pour se libérer de tout ce qu'elle doit d'exigible, que de vingt à trente millions de revenus. Dans les autres, elle charge son grand-livre ou augmente sa dette annuelle au moins de cent vingt millions de rente ; et encore elle ne rend pas justice à tous : elle est inconséquente dans ses principes : elle augmente la manie déjà si funeste de l'agiotage, elle livre aux possesseurs d'argent les propriétaires fonciers et tous les industrieux , elle arrête tout travail , elle entretient la misère générale, elle tue tout esprit public, tout amour de la patrie et du prince ; elle prépare pour des tems peu éloignés une inévitable banqueroute, qui peut-être entraînera le démembrement de la France, mais qui à coup sûr occasionnera ces troubles, ces dissensions , toujours dangereux pour un Etat sans force en présence de voisins armés.

Après ce tableau trop vrai, quoique trop faiblement rendu, des effets que doivent produire les projets de finance à emprunts ou à créations de rentes, ne paraîtra-t-il pas riducule et mesquin que nous fassions ressortir que les forêts mises dans la circulation générale des biens donneront lieu à des actes de famille, à des transactions, à des ventes, à des obligations qui produiront des droits d'enregistrement et autres droits indirects très-utiles pour le fisc, et qu'en outre elles viendront pour plusieurs millions à la décharge des contribuables, à la contribution foncière, parce qu'appartenant aujourd'hui à l'Etat, elles en sont exemptes, et qu'elles y seront sujettes quand elles seront devenues des propriétés foncières?

CHAPITRE XXVII.

De la manière dont rentreront les bons d'état mis en circulation, et dont ils seront annullés.

Les bons d'état qui auront été mis en circulation, en seront retirés par l'effet et à mesure des paiemens que les adjudicataires effectueront du prix des différentes portions de bois qu'ils se seront fait adjuger. Les bons d'état, par eux donnés en paiement, seront biffés et annullés en leur présence, et ils signeront, eux ou leurs fondés de pouvoirs, le procès-verbal de cette opération. Tous les six mois, il sera procédé en public de la manière la plus authentique au brûlement des bons ainsi annullés; et des listes seront publiées et affichées partout où besoin sera de la quantité, de la somme, de la série et du numéro de de ces bons d'état.

Tous les autres bons qui reviendront au trésor ou dans les caisses publiques, par toute autre voie que celle du paiement de prix de bois acquis, continueront de rester en circulation, pour n'en sortir que de la manière ci-dessus indiquée.

Ils resteront jusque-là à la disposition du Gouvernement, comme les diverses sommes dont il dispose en vertu du budget.

Le Gouvernement décidera, suivant ses besoins, et de concert avec les Chambres, s'il est nécessaire de vendre toutes les forêts, ou quelle portion doit en être vendue, pour faire opérer la rentrée du milliard de bons d'état, dans quel espace de tems aussi doivent se faire les ventes, et quels délais il convient d'accorder aux acquéreurs pour le paiement du prix de leur adjudication partielle ; enfin, les charges et conditions à imposer aux adjudicataires pour la conservation des forêts, la sûreté et l'exactitude du paiement du prix de leur adjudication.

La totalité des bons qui auront été émis étant retirée, l'Etat rentrera de plein droit dans la portion des forêts qu'il n'aura pas été nécessaire d'adjuger définitivement.

Si (pour tout prévoir) il arrivait que la totalité des forêts fût insuffisante pour retirer, avec le montant des prix moyennant lesquels les lots partiels auraient été adjugés, pour retirer la totalité du milliard de bons d'état ou de ce qui en aurait été émis, alors ce qui resterait en circulation des bons serait remboursé par cinquième, d'année en année, à partir de 1821; le sort réglerait l'ordre du remboursement, la série et le numéro des bons à rembourser chaque année. Jusqu'au jour de leur retirement, ils continueraient de faire office de monnaie dans les paiemens, et d'y être admis pour les deux tiers. Enfin, pour en couvrir la valeur, le montant de la contribution foncière leur serait affecté par préférence et privilége à toute autre dette de l'Etat jusqu'à la concurrence de la somme de bons à retirer chaque année.

CHAPITRE XXVIII.

De l'avantage qui résulterait de la vente des biens des communes.

Une opération très-avantageuse à faire et pour l'Etat et pour les communes elles-mêmes, serait la vente de leurs biens, en leur en remplaçant le revenu en rentes sur le grand-livre.

En effet, ces biens sont pour la plupart loués au-dessous de leur valeur; ils donnent lieu à une foule de petites intrigues, de difficultés, de vexations, de procès; ils entravent et compliquent la comptabilité, ils occasionnent des frais considérables d'entretien ou autres, et beaucoup de dépenses imprévues ; ils sont sujets à mille accidens qui diminuent sensiblement les revenus sur lesquels on comptait, et arrêtent des travaux indispensables, si même trop souvent ils n'empêchent pas le légitime paiement de travaux ordonnés et faits de bonne foi : il résulte ensuite de tous ces inconvéniens que, pour couvrir les déficits qui se renouvellent sans cesse, on met sans cesse sur les peuples de nouveaux impôts que l'on déguise de son mieux, ou bien l'on établit au profit des communes des droits injustes, des monopoles qui nuisent à l'industrie des citoyens.

D'une autre part, ces biens main-mortables en quelque sorte n'étant pas dans la circulation, n'engendrent pour le fisc aucun de ces droits de mutation qui sont si considérables ; et, ainsi exemptés par leur nature de ce genre de contributions, ils pèsent indirectement de cette manière sur les autres biens de la société générale.

Mais, il ne suffit pas que l'opération soit avantageuse à faire, il faut aussi qu'elle soit juste ; or, pour cela, nous estimons qu'il faut avoir l'assentiment des communes, car elles sont véritablement propriétaires, et le Gouvernement ne saurait trop embrasser toutes les occasions de prouver qu'il pousse au plus haut degré le respect pour le droit de propriété. On consulterait donc les communes, on leur ferait entendre leur véritable intérêt, on leur expliquerait les avantages que l'opération leur présenterait ; et nous ne doutons pas qu'elles ne consentissent à céder leurs biens pour des rentes sur l'Etat, si on leur offrait un revenu plus considérable que celui qu'elles ont, qui ne fût sujet à aucune avarie, à aucun frais, qui fût d'une perception facile, assurée, à jour fixe, et qui, enfin, augmentée à l'instant même, augmentât encore graduellement tous les ans.

Les communes, ainsi persuadées, céderaient leurs biens à l'Etat, et recevraient de lui en échange une inscription en rentes à 5 pour cent sur l'Etat, égal au revenu net de leurs biens, à la seule déduction des contributions, et augmentée d'un dixième en sus de ce revenu. Le montant de l'inscription primitive, c'est-à-dire de celle qui représente le revenu, accroîtrait en outre tous les ans d'un centième, à partir de l'an 1827 ; en sorte, par exemple, qu'une commune qui céderait des biens d'un revenu de 3,000, déduction faite des contributions, recevrait en échange une inscription de 3,300, exempte de toutes retenues, laquelle serait portée à 3,330 en l'an 1827, à 3,360 en l'an 1828, à 3,390 en 1829, et ainsi à perpétuité.

On conçoit que tous les inconvéniens qui résultent pour les communes de ce que leurs revenus sont en biens-fonds, et par conséquent toujours variables et incertains, disparaîtraient quand elles auraient un revenu fixe, assuré, et dont la perception ne leur coûterait aucuns frais; elles sauraient alors sur quoi compter, fixeraient en connaissance de cause les dépenses qu'elles pourraient faire, ne resteraient plus en retard de payer les travaux, et ne tomberaient plus dans la chagrinante nécessité de tourmenter leurs administrés en sollicitant contre eux des augmentations d'impôts ou des concessions de droits injustes et vexatoires.

Il y aurait donc bien des avantages pour les communes à faire l'opération proposée, avantages dont ce ne sera pas le moindre que celui de compter sur une augmentation constante de leurs revenus.

L'opération sera avantageuse à l'Etat, en ce que, en vendant les biens des communes dans la forme et de la même manière que les forêts, il éteindra une somme de dettes considérables, auxquelles il ne pourrait faire honneur qu'en se grevant d'arrérages de rentes qu'il constituerait à 15 ou 20 pour cent; car, c'est pour le moins à ce taux qu'il faut calculer les créations de rentes proposées par les plans de finances les moins déraisonnables dans le déraisonnable moyen de libérer la France en la chargeant de rentes usuraires et ruineuses pour les peuples.

Si, comme on doit naturellement le présumer, les communes consentent à céder leurs biens à l'Etat, il les vendra en même tems que les forêts, et de la même manière qu'elles, et il se pourrait que ces biens, avec la moitié ou les deux tiers seulement des forêts, fussent suffisans pour retirer ce qui aurait été mis de bons d'Etat en circulation. Nous verrons par la suite quel parti avantageux on pourrait tirer de cette portion de forêts qui serait invendue. Mais, dans le cas de refus de la part des communes, notre plan, dont le fond n'est nullement changé par ce refus, n'en est pas moins susceptible de recevoir toute son exécution, la mesure de la vente des biens des communes n'étant qu'un accessoire à notre plan, ainsi que les autres mesures partielles que nous allons proposer.

CHAPITRE XXIX.

De la Nécessité de détruire l'Agiotage.

On ferait un mémoire tout entier sur ce chapitre, et il serait d'autant plus utile, qu'il montrerait mieux que l'agiotage est la principale cause, la source intarissable du désordre de nos finances, et l'un de nos maux auxquels il faille le plus promptement remédier.

Obligés de nous restreindre pour ne pas trop alonger notre ouvrage, nous nous bornerons à indiquer les plus funestes effets de l'agiotage.

On peut diviser en trois classes les personnes qui fréquentent la Bourse des effets publics, ou qui s'y intéressent.

1°. Les rentiers, soit qu'ils le soient d'ancienne origine ou par héritage, soit qu'ils aient acquis leurs rentes de ceux qui, originairement, avaient prêté au Gouvernement. La foi publique leur est également due aux uns et aux autres, moins parce que le Gouvernement a besoin d'établir son crédit, que parce que par-dessus tout il a besoin d'être juste; mais le Gouvernement n'a promis que de servir exactement les arrérages : ces arrérages payés aux époques convenues, il a rempli ses engagemens envers les rentiers ; ils n'ont rien à lui demander. Il a droit de leur dire à toute époque : « Peu m'importe que le cours des » rentes soit haut ou bas, cela ne me regarde » pas. »

Le Gouvernement ne peut payer qu'avec les tributs de ses peuples ; mais si les peuples étaient absolument hors d'état de supporter les tributs nécessaires à l'acquit de toutes les charges, le Gouvernement ne serait pas coupable de manquement à la foi publique, quand il aurait montré aux rentiers *l'impossibilité absolue* de les payer sans bouleverser l'Etat. Le coupable serait le Gouvernement qui l'aurait précédé, et qui aurait ruiné les peuples d'avance en contractant des engagemens impossibles à tenir. Une réduction nécessitée des rentes, ou un ajournement indispensable du service des arrérages, ne serait point une injustice de la part du Gouvernement actuel, et ne lui ferait point perdre son crédit. A l'appui de cette doctrine nous pourrions citer bien des faits, puisés dans notre *Histoire de France* même.

Que si, au contraire, pour servir à point nommé les arrérages des rentes, le Gouvernement faisait languir certain service, différait le paiement de créances échues, forçait les impôts et demandait à une classe de citoyens, à celle, par exemple, des propriétaires, beaucoup plus qu'ils ne peuvent et ne doivent payer dans l'état où ils se trouvent : alors il ferait pour les rentiers plus qu'il ne doit ; il leur ferait une faveur aux dépens de la justice qu'il doit à tous ses administrés, et il pourrait bien pour cela, tout en paraissant faire des sacrifices à son envie d'obtenir du crédit, voir son crédit s'altérer.

C'est ainsi, par exemple, que le Gouvernement royal, à l'époque du 22 mars 1814, aurait pu dire aux rentiers : « Je prends la » France dans l'état où je la trouve : c'est elle » qui doit à ses créanciers ; je veux qu'elle » soit également juste envers tous ; j'examinerai si elle peut faire face à tous ses engagemens ; que si elle ne le peut pas, chacun » supportera son contingent de la perte. Cependant elle ne me fournit pas dans ce moment de quoi payer tout à-la-fois et les » créances actuellement exigibles, et les indemnités des pillages et des réquisitions » éprouvées par les campagnes, et les arrérages échus des rentes sur le grand-livre. » Eh bien, tous seront traités également, tous » recevront également à proportion de leur » droit, au fur et à mesure que les contribu-

» tions rentreront, jusqu'à ce qu'on ait vu
» quel parti il est possible de prendre à l'é-
» gard de tous ; car justice est due aux uns
» comme aux autres, et je n'entends pas que
» les uns l'obtiennent, et que les autres l'at-
» tendent. »

Le Gouvernement, guidé sans doute par des considérations d'un ordre supérieur, n'a pas tenu cette marche ; il a suspendu le paiement de l'arriéré, il n'a pas payé les indemnités dues aux campagnes, il a maintenu le montant de la contribution foncière, sans égard à la gêne des propriétaires, pour payer, au risque de tout, avant tout, les arrérages de la dette publique : c'est sûrement dans les circonstances la plus grande faveur qu'il pouvait faire aux rentiers, et dans aucun tems le Gouvernement ne leur a donné une plus grande preuve de sa *volonté* et de *sa puissance* de payer. Cela pourtant n'a pas relevé son crédit, puisqu'on ne propose de lui prêter qu'à trente pour cent. Ce n'est donc pas la *volonté* et *la puissance* de payer de la part d'un gouvernement constitutionnel qui établit son crédit, comme on le dit si vaguement ; ou ce n'est donc pas le cours élevé de la rente qui prouve qu'il a du crédit, comme les spéculateurs s'efforcent depuis tant de tems de nous le faire accroire, au grand détriment de la France. Non, c'est la justice d'un gouvernement qui lui fait son crédit, c'est sa constante habitude à en appliquer les principes sans jamais en dévier par des considérations particulières : s'il cède une fois aux considérations, il n'y a pas de raison de croire qu'il n'y cèdera pas toutes les fois qu'il le voudra, et ses vues pouvant, devant même naturellement changer, suivant les circonstances, tel qui éprouve aujourd'hui sa faveur, se défiera de lui, parce qu'il craindra d'éprouver demain son injustice.

Chose étrange : les rentes ont toujours été bien servies, grâce aux impôts mis sans mesure ; ce sont les spéculateurs sur les rentes qui, de tout tems, se sont opposés le plus constamment à la liquidation des créances arriérées, dans la crainte qu'elle ne jetât sur la place trop de rentes *flottantes ;* et ce sont eux qui se plaignent du défaut de crédit, qu'ils attribuent à son défaut de *volonté* de payer, et ils se plaignent du défaut de crédit pour proposer des emprunts ruineux ; en sorte qu'ils reprochent au Gouvernement un tort qu'eux-mêmes lui ont donné, et qu'ils disent tout à-la-fois qu'il a du crédit et qu'il n'a pas de crédit : de leur côté, les peuples supportent tous les impôts, font tous les sacrifices pour que leur gouvernement ait du crédit, et on leur dit qu'il n'en a pas, pour leur faire payer plus cher, pour tourner en prêt à usure le degré de crédit qu'on reconnaît qu'il a. Dans quelles inconséquences jette le défaut de principes, et ce que c'est que de s'écarter de la justice !

Nous en demandons pardon à l'auteur du Plan de finances que nous combattons ici en passant. Nous avons la plus grande estime pour sa personne ; nous rendons justice à ses vertus privées, ses talens distingués, mais nous ne pouvons nous dispenser de relever les erreurs graves qu'il commet. Il ne devait pas attribuer le crédit du gouvernement constitutionnel à sa *volonté* et à sa *puissance* de payer, mais à sa volonté d'être toujours juste, d'être juste envers tous, et à la *puissance*, c'est-à-dire aux *moyens* de payer qu'ont *les peuples*. Ce manque de distinction entre les gouvernemens et les peuples, quand il s'agit de *moyens de payer*, est ce qui occasionne toutes les erreurs des différens auteurs de projets de finances. Ils supposent précisément ce qui est en question, ce qui est le point capital, et ils partent de cette supposition toute gratuite, qu'on est toujours sûr d'obtenir des peuples tout ce qu'on veut leur demander. Mais l'expérience n'a-t-elle donc pas assez démontré combien est vicieuse cette manière de faire les budgets et les plans de finance?

Dans la seconde classe des gens de bourse, nous rangerons les spéculateurs sur les effets publics : nous n'appelons pas de ce nom ceux qui, ayant à faire un prochain emploi de fonds, achètent, en attendant, des rentes ou des actions de banque, parce qu'ils veulent ne pas perdre des intérêts. Nous n'entendons parler ici que des spéculateurs de profession, de ceux qui préfèrent généralement ce genre d'emploi de leurs capitaux à tout autre emploi, qui veulent acheter, non pas pour garder, mais pour revendre, ou qui vendent pour racheter ensuite, soit qu'ils possèdent ou non ce qu'ils vendent, mais en s'obligeant de livrer réellement, et en n'excédant jamais dans leurs spéculations leurs moyens de fortune; en un mot, ceux qui font le commerce des rentes, comme on fait tout autre commerce de marchandises.

Un homme a droit de spéculer sur quelque objet d'industrie que ce soit, pourvu que sa spéculation ne soit ni contre les lois, ni contre les bonnes mœurs; il n'a pas à s'inquiéter si elle sera utile ou non à la société : il suffit qu'elle lui convienne, à lui, par l'espérance qu'il a d'en tirer un profit.

Mais l'indifférence qu'il a à cet égard, la société ou le gouvernement qui la représente ne peut pas l'avoir, et il ne lui est pas égal, dans l'intérêt public, qu'une spéculation porte sur une chose fort utile en soi à la société, ou sur une autre qui soit tout-à-fait vaine pour elle. Il est vrai que le respect qu'il a pour la liberté de chacun, fera qu'il laissera aller, sans s'en mêler, la spéculation la plus parfaitement inutile au bien général, mais il distinguera toujours une spéculation d'une autre, et il accordera d'autant plus d'intérêt à l'une d'elles, qu'elle portera sur un objet susceptible de procurer plus d'avantages à toute la société, en même tems qu'à celui qui l'entreprend.

Or, maintenant, nous concevons que le Gouvernement voie d'un œil favorable la spéculation de cet homme industrieux qui veut introduire en France une branche d'industrie manufacturière qui lui manque, de cet autre qui sacrifie ses habitudes et les plaisirs de la ville pour faire faire des progrès à la science agricole, amener à la suppression des jachères et déterminer à l'éducation des bêtes à laine fine; de ce hardi commerçant qui va chercher au loin des marchandises trop rares dans son pays, et que le consommateur y paye trop cher; nous le concevons très-bien, parce que tous ces spéculateurs, en travaillant pour eux, travaillent en même tems pour leurs concitoyens, dont ils vont augmenter les jouissances.

Mais quel intérêt le Gouvernement peut-il porter à un spéculateur sur les rentes? Que lui importe que telle inscription de dix mille francs de tiers-consolidé appartienne à Pierre plutôt qu'à Paul? et quand François aura perdu ou gagné avec Jacques et Nicolas vingt mille francs au bout de l'année par les marchés de rentes qu'il aura faits avec eux, la société se sera-t-elle enrichie d'un grain de blé? possédera-t-elle une livre de plus de bon quinquina, ou un seul ouvrier aura-t-il fait une journée de plus d'un travail productif?

Le Gouvernement doit donc avoir la plus grande indifférence pour les spéculations sur les effets publics: toute la grâce qu'il peut faire à celui qui se livre à ce genre de spéculations, c'est de ne pas s'occuper de lui, quand son œil au contraire doit être constamment ouvert sur les succès ou les malheurs du véritable spéculateur, de celui qui n'oublie pas qu'il est Français, quand ses besoins lui font sentir qu'il est homme.

Ces principes, qui nous semblent incontestables, ont-ils été suivis? Nous ne voulons pas nous appesantir là-dessus, nous craindrions de voir qu'on a suivi des principes diamétralement opposés.

Nous avons trouvé que, prise isolément, chaque spéculation faite sur les rentes était indifférente à la société; mais la masse réunie de toutes ces spéculations doit-elle l'être? Il s'en faut bien. En effet, quelle énorme somme de capitaux n'est pas employée par le nombre si grand de tous ces spéculateurs, qui sont vraiment les seuls possesseurs d'argent, si l'on considère qu'aujourd'hui les plus petits particuliers, comme les plus gros capitalistes, s'en mêlent; qu'il n'y a pas un homme dans les affaires ou dans le commerce, ou qui en soit retiré, qui ne spécule sur les rentes? On pensera que c'est évaluer les choses bien bas que de porter à 80 ou 100 millions la somme des capitaux qui sont employés aujourd'hui par tant de gens à la spéculation sur les effets publics? Or, quelle énorme somme de numéraire dans le moment actuel! Faut-il s'étonner maintenant que les provinces soient tellement dépouillées d'argent que, dans beaucoup de lieux, on en soit réduit à traiter par voie d'échange? c'est que l'argent afflue de toutes parts à Paris pour jouer les effets publics;

faut-il s'étonner que le cultivateur ne puisse pas faire les avances nécessaires à la terre, et se procurer les chevaux, les bestiaux et les instrumens de labour que les pillages et les réquisitions lui ont enlevés? c'est qu'on ne s'occupe que de la Bourse, que d'y jouer les effets publics; faut-il s'étonner que le propriétaire ne puisse pas relever ses bâtimens démolis, ses granges incendiées? c'est qu'il n'y a d'argent que pour jouer les effets publics; que le manufacturier congédie ses ouvriers, suspende ses travaux et cesse de fabriquer? c'est qu'on ne trouve rien de mieux que de jouer les effets publics; que, d'un bout de la France à l'autre, et dans tout genre d'affaires, les opérations commerciales soient tout-à-fait arrêtées? c'est que toutes les têtes ont tourné par le jeu des effets publics.

Qu'on juge maintenant si une spéculation particulière sur les rentes est aussi indifférente à la chose publique que nous l'avions pensé d'abord! Car, si toutes les spéculations prises dans leur ensemble leur sont nuisibles, chacune d'elles prise isolément l'est aussi. Quel dommage que le ministère n'ait pas porté sa vue sur cet objet! Il lui était si facile, il était si urgent d'apporter des remèdes à d'aussi grands désordres! Il en aura été détourné, sans doute, par des choses qu'il aura jugées plus importantes, ou il aura adopté sur le jeu des effets publics les idées courantes, sans se donner le tems d'y réfléchir. Il aura pensé, comme on le pense généralement à Paris, que ce jeu était utile au soutien du crédit public, tandis qu'il lui est nuisible; qu'il servait les véritables rentiers (les seuls que doive considérer le Gouvernement), tandis qu'il leur porte le plus grand préjudice; car ce jeu les tient dans de continuelles incertitudes sur la valeur de leur propriété, les entraîne malgré eux souvent à l'appât de le jouer, et tend par tous les moyens à empêcher le service exact de leurs arrérages, puisqu'il tend si évidemment à appauvrir les peuples, et à leur ôter les facultés de payer les impôts qui sont nécessaires au Gouvernement pour faire le service des rentes.

L'argent est le plus grand instrument de travail, la première machine qu'emploie l'industrie humaine. Nous frémissons d'indignation quand nous apprenons que, dans un pays voisin, des ouvriers, furieux de manquer de travail (parce que là aussi de faux principes d'administration dominent comme chez nous), se précipitent dans les manufactures pour mettre en pièces, pour y brûler des machines qu'ils supposent être la cause première de leur misère. Eh bien! les spéculations sur les rentes ne font pas autre chose que ces aveugles et furieux ouvriers, quand ils retirent les capitaux de tous les ateliers du travail productif, des véritables richesses de la société; ils brisent sa première, sa plus grande, son universelle machine. Certainement ils sont aussi éloignés de soupçonner qu'en jouant les effets publics ils commettent une action qui a de pareilles conséquences, que nous sommes loin, nous, de leur en faire un crime, parce que le crime est dans l'intention. Ils croient faire la chose du monde la plus simple, sans manquer aux principes de la probité et de la délicatesse, et ils commettent véritablement l'action la plus nuisible aux intérêts de la société, et par conséquent la plus injuste. Tant il est vrai que les fausses idées admises dans le monde jettent les hommes les plus honnêtes dans de grandes erreurs; tant il est vrai que les hommes à la tête des affaires ne sauraient mettre trop d'importance à ne pas adopter aveuglément toutes les opinions vulgaires, que c'est un devoir pour eux d'approfondir les choses, et qu'ils ne doivent pas moins tenir à honneur d'éclairer les hommes que de leur commander.

Nous ne nous jetterons pas dans un long

narré de tous les maux, de toutes les injustices que commet la funeste manie de la spéculation sur les rentes; mais nous ne pouvons nous dispenser de faire observer la constante application qu'ont eue de tous tems les spéculateurs à empêcher que la somme des rentes qu'ils appellent *flottantes*, c'est-à-dire négociables, ou plutôt dans le cas d'être jouées, ne fût augmentée sur la place. Or, comme cela ne pouvait jamais se faire que par des liquidations de créances reconnues très-légitimes, il s'ensuit que l'application des spéculateurs, malheureusement trop souvent couronnée du succès, se portait toujours à empêcher qu'on ne rendît justice à des créanciers de l'Etat qui la méritaient. Que si cela est (et les preuves en abondent), qui nous empêchera de penser que c'est à ce malheureux et faux esprit qu'a formé la manie de la spéculation sur les rentes que les campagnes doivent d'avoir été laissées dans l'abandon le plus absolu, quand on était obligé d'avouer qu'on leur devait de légitimes indemnités?

Oui, c'est à cette seule raison; car le Gouvernement disait, pour se justifier, n'avoir aucun moyen; mais il avait celui de créer des rentes, pour faire des valeurs avec lesquelles il viendrait au secours des campagnes, comme il en a créé six millions pour des dépenses imprévues. Ces dépenses se recommandaient puissamment par elles-mêmes, et elles ont fait surmonter tout obstacle à la création des six millions de rentes dont elles étaient le motif; mais comment le sort des habitans des campagnes se serait-il assez recommandé pour obtenir grâce devant le tribunal suprême de la Bourse des effets publics, aux yeux des riches et puissans spéculateurs qui tournent à leur gré les esprits, et sont persuadés qu'un cultivateur ne vaut pas la peine qu'on s'occupe de lui; mais qu'il n'y a rien de plus beau, de plus glorieux, qui serve mieux la prospérité d'un pays, que de faire transférer des rentes de Pierre à Paul, et de Jacques à Thomas?

En résumé donc, le spéculateur sur les rentes (appelons les choses par leur nom), le marchand de rentes, que nous croyions tout-à-l'heure n'être qu'un homme inutile à la société, est non-seulement perdu pour elle, il est de plus son ennemi; il lui fait tous les maux qu'un homme puisse faire, en se couvrant de l'abri des lois; il pervertit l'opinion publique; il fausse le jugement; il appauvrit la raison de qui l'approche; il arrache au propriétaire foncier de continuels sacrifices; il sollicite contre les créanciers de l'Etat les injustices les plus criantes, et souvent les obtient; il épuise les campagnes et tarit la fécondité des champs; il coupe le nerf de toutes les industries; il soustrait le premier instrument du travail; il élève un obstacle insurmontable à l'établissement d'un bon système de finances; et ses continuelles agitations autour de ceux qui gardent le trésor de la fortune publique finissant par user leurs forces, il parvient à la dévorer jusque sous leurs yeux.

A Rome, on nourrissait des hommes destinés à se donner en spectacle au peuple, en s'entr'égorgeant pour le divertir. On les appelait gladiateurs. Divisés en deux factions, ils partagèrent souvent le peuple de la capitale en deux partis, à la tête de l'un desquels l'empereur ne rougissait pas de se mettre, et ils occasionnèrent plus d'une fois des séditions dangereuses; mais, dans les tems de la décadence de Rome, on pensait qu'ils devaient fixer par-dessus tout l'attention du gouvernement. Aucune affaire ne pouvait être assez importante pour entrer en parallèle avec les affaires du Cirque; et des provinces se soulevaient pour secouer le poids de leurs misères, les barbares envahissaient le territoire de l'empire, que l'essentiel était toujours d'aviser aux moyens de faire triompher la faction bleue, si c'était pour elle que l'empereur s'était déclaré, contre la faction verte.

Nous avons aussi nos gladiateurs, mais ils ne portent pas ce nom chez nous ; ils portent celui d'agioteurs, et forment la troisième classe des gens de bourse.

Ils ne combattent pas comme les anciens gladiateurs dans le Cirque, pour la vie, et la gloire de mourir avec grâce sous les yeux du peuple assemblé ; ils se battent pour *la bourse*, dans un coin de la Bourse des effets publics, et ils n'ambitionnent qu'à se dépouiller les uns les autres, avec adresse ; l'argent suffit à la jouissance du vainqueur. Le vaincu survit à sa défaite ; mais sa famille, qui n'a pas pris part au combat, est dépouillée comme lui, quand il a par trop manqué d'adresse. Aussi ce genre d'escrime est-il étudié avec soin à la Bourse, et l'on vient de faire tout nouvellement un ouvrage pour en donner des leçons et en enseigner les grands coups.

L'agiotage est en effet un métier aussi difficile à apprendre qu'à exercer. Il faut, pour le bien savoir, connaître au moins les acceptions à la Bourse de quinze mots de la langue, comme transfert, report, prime, différence, fin de mois, dont-cinq, ou dont-dix. Mais quelle intelligence ne faut-il pas à qui veut l'exercer, pour s'élever..... jusqu'à jouer à pair ou non! Quelle force de tête aussi et quelle profondeur de combinaisons pour courir la chance de perdre.... ce qu'on n'a pas, pour se mettre dans l'alternative de recevoir, ou de ne pas payer!

Laissons l'ironie à part, elle est déplacée dans une matière d'une aussi grande conséquence. L'agiotage n'est qu'un jeu; tout se réduit dans l'agiotage à un simple pari; il ne s'agit que de le dissimuler.

A cet effet, on paraît acheter, quoique les deux joueurs n'entendent ni vendre ni acheter. Voici comment les choses se passent. La rente est (nous supposons) à 60 pour cent espèces: ce qui veut dire qu'elle perd 40 pour cent, et que l'on peut se procurer, moyennant un capital de 60,000 fr., 5000 fr. de rente en inscriptions de tiers-consolidé, qui, si elles étaient au pair, coûteraient 100,000 fr. Pierre présume que la rente qui éprouve un grand mouvement de hausse, qui, en terme technique, est *fouettée*, passera à la fin du mois le cours de 61 fr.; il achète à Jacques, qui conjecture, lui, qu'elle n'atteindra pas ce cours; il achète 50,000 de rentes (par exemple) à 61 fr. pour fin du mois. La fin du mois arrivée, il s'agit de se liquider. Jacques n'a pas plus

50,000 de rentes à livrer que Pierre n'a moyen de les payer. Tout se réduit entre eux à un calcul de différence : si la rente est arrivée à 61, le marché est nul, les choses en restent là. Si, au lieu de remonter, la rente, par un de ces jeux de bourse qui sont si communs, était tombée à 59 fr., Pierre, pour se dispenser de prendre, serait obligé de payer à Jacques la différence de 59 à 61, qui est de 2 : ce qui ferait dans ce marché la somme de 20,000. Si, au contraire, la rente était montée à 64, la différence serait de 3, au préjudice de Jacques, qui, pour se dispenser de livrer, aurait à payer 30,000 fr. Un marché de cette espèce s'appelle *marché à prime.* On dit acheter ou vendre à prime, pour exprimer que le marché que l'on fait se résoudra en une différence.

Le marché à terme est celui par lequel on est obligé de prendre ou de livrer, à l'époque qui a été déterminée (ou même plus tôt, suivant les conventions), quelque variation qu'il y ait dans le cours de la rente. Ce marché tient plus de la spéculation que de l'agiotage, à moins qu'il n'outrepasse les moyens des parties contractantes, ou que des manœuvres ne soient employées pour assurer le succès de l'opération : ce qui n'arrive que trop souvent, et d'une manière trop scandaleuse même de la part de ceux qui repoussent la qualification d'agioteurs, pour n'être que des spéculateurs; car les uns et les autres suivent un parti, dans lequel ils se rangent. La bourse est divisée en deux factions, celle des joueurs à la baisse et celle des joueurs à la hausse, comme les gladiateurs à Rome étaient divisés en faction verte et en faction bleue. Buonaparte, comme de raison, s'est toujours rangé dans le parti des joueurs à la hausse; celui des joueurs à la baisse comptait dans ses rangs de gros capitalistes, qui ne croyaient pas à la durée de son étoile, ou qui prévoyaient les effets qu'aurait sur les rentes la mauvaise issue de telle entreprise, dans laquelle ils le voyaient engagé. Les combattans changeaient souvent de parti; car, dans une si noble lutte, il n'est pas plus possible de rester toujours sous le même drapeau, qu'il ne l'est qu'il n'y ait pas des joueurs à la baisse quand il y a des joueurs à la hausse; et, plus d'une fois, le Gouvernement qui, en maintes occasions, était parvenu, par de grands sacrifices, à se servir des joueurs à la hausse, pour accréditer dans le public une opinion qui lui convenait, s'est vu désapointé, dans d'autres circonstances importantes, par les joueurs à la baisse, qui prenaient trop bien leur revanche.

On connaît encore d'autres marchés à la Bourse ; par exemple, celui par lequel l'un des deux contractans (nous allions dire des combattans) oblige l'autre à prendre ou à livrer à une certaine époque, en lui payant pour cela, à l'instant du marché, une prime, et en se réservant de son côté de ne pas fournir si c'est lui qui est le vendeur, ou de ne pas prendre si c'est lui qui achète. Ce marché s'appelle *marché ferme*.

On le diversifie à l'infini : la difficulté est de trouver de bons preneurs ou de bons vendeurs, des gens qui, par leur crédit, présentent l'assurance qu'ils exécuteront la condition pour laquelle on leur a payé la prime. Très-souvent il est arrivé que la confiance a été trompée, et que le joueur, qui avait le plus grand crédit à la Bourse, a disparu à une fin de mois, par l'impossibilité où il s'est vu de tenir les engagemens énormes qu'il avait contractés, en recevant des primes de toutes mains.

S'il est facile de concevoir ce que nous venons d'expliquer, il ne l'est pas autant d'imaginer les manœuvres qu'on emploie, les ressorts qu'on met en jeu, les moyens de toute espèce dont on se sert, pour faire, à la suite d'une grande opération menée de loin, une hausse ou une baisse considérable ; mais comme les gros capitalistes, liés encore d'intérêt entr'eux la plupart du tems pour ces grandes opérations, ont une infinité de moyens qui manquent aux petits agioteurs, agissant isolément, et ne connaissant pas (qu'on nous passe l'expression) le fond du sac, il s'ensuit que ceux-ci sont toujours les dupes du jeu inégal qu'ils jouent à la Bourse. On pourrait les comparer à ces débarqués de province qui s'imaginent qu'ils feront fortune à la roulette, en s'obstinant contre le banquier de jeu.

Parmi les moyens qu'emploie l'agiotage, l'un des plus communs est celui des nouvelles controuvées. Les plus extraordinaires sont celles qui font le plus de dupes à la Bourse. Tantôt le ministère va être changé, tantôt une masse considérable de tiers-consolidé doit être mise sur la place; une autre fois, on a obtenu que les créanciers de l'arriéré ne seraient pas payés en rentes ou liquidés de sitôt. Est-on en paix, une puissance voisine nous déclare la guerre. Est-on en guerre, les préliminaires de la paix viennent d'être signés, ou nous venons de perdre une grande bataille; ou bien, au contraire, nous avons remporté une victoire signalée. Sous Buonaparte, un agioteur fameux, qui jouait à la hausse, imagina de faire accroire à la Bourse que l'empereur venait d'obtenir les avantages les plus décisifs. Le coup fut monté d'une manière digne de l'auteur ; il le combina si bien que la nouvelle parut être transmise à la Bourse par l'un des principaux chefs de l'Etat, qui, en l'absence de l'empereur, tenait les rênes du Gouvernement. Il n'y eut pas moyen d'en douter : elle fut tenue pour certaine à Paris pendant vingt-quatre heures ; elle opéra une hausse considérable dans les fonds publics. Le lendemain, on reconnut qu'elle était fausse, et tous les marchés de bourse faits la veille furent déclarés nuls ; on rit beaucoup du tour, on le trouva charmant, et il n'en fut que cela. S'il avait été joué autre part qu'à la Bourse, l'auteur aurait été traduit au tribunal correctionnel ; mais l'agiotage forme singulièrement les mœurs et le jugement.

La hausse ou la baisse des rentes sont pour tout Paris la certitude de la vérité d'une nouvelle qu'on débite, le pronostic le plus assuré d'un événement qu'on prédit, comme le signe infaillible de l'opinion et le meilleur thermomètre du crédit public. N'espérez pas changer les idées là-dessus ; vous ne gagneriez rien. Ne vous fatiguez donc pas à expliquer qu'il y a deux intérêts à la Bourse, celui des rentiers et celui des spéculateurs et des joueurs ; que les rentiers n'ayant d'autre intérêt que celui de voir leurs arrérages exactement servis, sont par leur position, comme par état, totalement étrangers à tout ce qui se passe à la Bourse, à tout ce qui se fait sur les rentes; que les spéculateurs et les agioteurs, auxquels il importe peu que les rentes soient bien payées, mais beaucoup qu'il y ait une grande variation dans leur cours, sont ceux qui les travaillent, sont les seuls à former l'opinion qu'ils désirent que l'on en ait, suivant leur intérêt du moment, et que, comme il y a parmi eux deux factions, une des joueurs à la hausse et celle des joueurs à la baisse, le cours des rentes, quand il varie, ne signifie autre chose sinon que l'une des deux factions l'emporte sur l'autre, et qu'elle a intérêt à ce que la rente baisse ou hausse; que c'est donc bien moins l'état vrai des affaires publiques que la position respective des factions entre elles, qui fait ce qu'on appelle à tort l'opinion publique, le crédit public.

Ne vous efforcez pas davantage à prouver que ce n'est pas tout ce que diront, tout ce qu'imagineront en nouvelles ou en mesures financières des hommes qui ne connaissent point les vrais intérêts du Gouvernement, ne se soucient pas du tout de ceux des peuples, et ne songent qu'aux leurs propres, qui changera l'état des affaires, améliorera les finances, et assurera la fortune publique ; que ce n'est pas même la nomination au ministère de tel homme de parti, mais que cela ne peut arriver que par une bonne et sage administration, et que le trésor ne recevra successivement et constamment tous les fonds nécessaires pour le soutien des charges de l'Etat, que par un système de finances qui réservera aux peuples des moyeus de travail, ménagera le fruit de leurs sueurs, et les encouragera à la reproduction des véritables richesses, en leur laissant en récompense de leurs peines une aisance, sans laquelle il ne peut jamais y en avoir pour le trésor public.

Sûrement on dut désespérer de la fortune publique en France, quand Buonaparte eut organisé un système d'administration qui reposait sur la ruine de l'agriculture, des manufactures et du commerce, sur un état de guerre continuel, sur le pillage et la dévastation générale ; et jamais cependant les agioteurs ne firent plus monter la rente, que quand il fut démontré aux gens sensés que Buonaparte ne pouvait pas abandonner, sans se perdre, un système qui perdrait la France. Sa position financière empirait à chacune des victoires de son chef, et à chacune de ses victoires, à chacune même de ses premières défaites, la rente montait. Elle avait monté aussi au commencement de son administration, quand il avait commis ses premières infidélités envers les créanciers de l'arriéré, envers les fournisseurs des gouvernemens qui avaient précédé le sien, envers les anciens propriétaires de charges, d'offices et de créances non liquidées, qu'il déclara déchus un matin, après les avoir long-tems flattés de l'espoir qu'il leur rendrait justice.

Ils avaient bonne grâce, les agioteurs, de prétendre prouver à la France, dans toutes ces circonstances, qu'elle était dans un état prospère, et que le crédit public y devait être au plus haut degré, puisque la rente, du cours de 7 fr. où Buonaparte l'avait trouvée, était remontée presque au pair; et les Français étaient bien bons de ne pas opposer les faits de la misère générale, de croire à un crédit public aussi artificieusement, aussi frauduleusement formé, et de ne pas dire : « Le cours » élevé de la rente ne fera pas que ceux qui » auront à traiter avec le Gouvernement trai- » teront à meilleur marché, puisqu'il est tou- » jours de mauvaise foi; c'est donc une erreur » de croire que la rente est le thermomètre

» du crédit public. Le cours en est élevé, » parce que Buonaparte est le chef des joueurs » à la hausse ; il en sert les arrérages exacte- » ment, non pas par un principe de justice, » mais en vue de son intérêt personnel, pour » tirer un meilleur parti des rentes qu'il » trouvera moyen de créer ; mais nous n'a- » vons aucune garantie que demain il voudra » la payer, que demain il ne la jouera pas à » la baisse. Ainsi le jeu des rentes n'est qu'un » moyen de nous dépouiller. A la tête des » agioteurs, il fait la guerre aux Français, » comme à la tête des Français il fait la guerre » aux autres nations. S'il n'avait pas pu agio- » ter, il n'eût pas pu guerroyer toujours. »

Mais, encore un coup, n'insistez pas là-dessus, vous ne convaincriez personne ; les uns, parce qu'étrangers aux opérations de la Bourse, ils n'y entendent rien ; les autres, parce qu'ils y sont trop intéressés, et y entendent trop bien.

C'est pourtant parce que ces vérités, si faciles à saisir, n'ont pas été senties, que la France a éprouvé tant de maux qu'elle eût pu éviter. Il est plus important pour les gouvernemens qu'ils ne le pensent que leurs peuples n'aient pas le jugement faussé. Il importe grandement aux peuples que leurs gouvernemens sachent bien qu'ils ont du sens et sont en état d'apprécier les choses; ils se maintiennent alors mutuellement dans la ligne de leurs devoirs respectifs, et quand ils réagissent les uns contre les autres en vertu de la loi générale des êtres, tant au moral qu'au physique, ils s'appuient, ils se soutiennent, au lieu d'avoir à se pousser et se repousser sans cesse. Les Français se sont plaints continuellement de la fausseté, de la mauvaise foi, de la perfidie de Buonaparte; ils n'auraient pas été dans ce cas, si, par leur penchant pour le jeu des effets publics, les spéculateurs sur les rentes ne lui avaient dévoilé la facilité qu'il aurait de les leurrer tant qu'il le voudrait. Il s'est plaint, lui, que les Français n'avaient pas de patriotisme (car ce sont les gouvernemens qui remplissent le moins leurs devoirs qui se plaignent le plus qu'on ne les aime pas). Ils en auraient eu, s'il ne leur avait pas faussé le jugement et gâté le cœur, en leur apprenant à préférer leurs petits intérêts particuliers au grand intérêt de la société; s'il ne les avait pas appelés par ses guerres au pillage des nations, et par l'agiotage au pillage de leurs concitoyens. Mais, en définitif, qu'est-il arrivé? Buonoparte est tombé, et tous ses fameux agioteurs ont disparu les uns après les autres, comme ces insectes qui naissent et meurent le même jour ; superbes au matin, le soir ils n'étaient plus.

La ruine complète des gros agioteurs qui s'étaient enrichis, n'est pas le plus grand malheur (car ils devaient périr par l'arme dont ils s'étaient servis); il est un mal plus grand pour la société : c'est la ruine d'une infinité d'hommes industrieux, habitués au travail, et livrés à toutes les occupations des manufactures et du commerce, des affaires et des arts; d'une infinité aussi de propriétaires, qui, jusques-là, s'étaient adonnés à la gestion de leur bien. Tous ces hommes, alléchés par les gains considérables qu'on leur disait que procurait le jeu de la bourse (car il faut bien que les joueurs fassent des joueurs pour faire des dupes), s'y précipitèrent avec fureur. Dès-lors leur principale occupation fut celle de la Bourse, et leur première affaire fut négligée. Les fonds qu'ils destinaient à leur commerce, à leur manufacture, allèrent à la Bourse. Leur esprit ne fut plus qu'à la Bourse, et tout ce qu'on aurait déployé, dans son état, d'activité, d'intelligence, d'industrie au profit de la société, on le déploya à la Bourse, pour tromper et surprendre un autre moins rusé que soi, auquel on enlèverait des moyens de travail dont on ne voudrait pas faire usage.

C'étaient de promptes, de grandes jouissances, qu'on cherchait. A peine établi, on quittait donc son état pour se les procurer ; car quelle duperie d'exercer laborieusement une profession dans laquelle on ne gagnerait pas en vingt ans ce qu'on pouvait gagner en deux à la Bourse? car quelle duperie de n'avoir dans son commerce que onze ou douze pour cent de ses capitaux, quand on en pouvait tirer peut-être vingt en les faisant valoir sans peine à la Bourse? Des hommes qui, par de longs travaux, avaient amassé une fortune pour leurs enfans, ne furent pas plus sages et se laissèrent entraîner comme les autres par le torrent.

Mais tous ces imprudens ne manquèrent pas de porter la peine de leur sottise: ils furent tous ruinés, les uns après les autres, après avoir eu des succès plus ou moins grands; ils finirent par éprouver la misère, incapables de se relever dans l'abattement d'esprit que leur donnaient leurs regrets, incapables d'être désormais d'aucune utilité à la société, mais maudissant avec trop de raison la détestable politique d'un gouvernement qui, pour se créer un crédit imaginaire et ruineux, avait tendu à leur crédulité avide l'effroyable piége où ils étaient tombés. Regrets tardifs pour eux, regrets inutiles pour les autres, qui ne profitaient pas de leur exemple, et donnaient à leur tour dans le même piége, parce qu'ils apercevaient un de ces joueurs qui surnageait sur les dépouilles de cent autres, et que la multitude qui avait disparu engloutie ne pouvait se montrer à leurs yeux.

Quelle douleur, quels remords eût ressentis Buonaparte, s'il eût aimé les Français, et qu'il eût pu réfléchir sur le luxe effréné et le débordement de mœurs qui s'étaient introduits de la classe des gens de Bourse dans les premières classes de la société; sur l'effroyable misère qui, en même tems, affligeait la masse de la nation! Mais il s'était mis dès long-tems dans une position à ne pouvoir plus ni penser ni sentir. A l'imitation des imbécilles empereurs romains, qui ne voyaient, au milieu des plus grands dangers de Rome, que le triomphe de leur faction de gladiateurs, il ne voyait aussi, au bord du précipice, que le triomphe des joueurs à la hausse. Ils les croyait ses soutiens, avec autant de raison qu'il avait cru ses ennemis ses alliés. Et quand des provinces entières se soulevaient par leur refus de payer l'impôt et de fournir à la conscription; quand des conscrits, obligés de rejoindre, désertaient la vie pour déserter ses drapeaux; quand des gémissemens de misère et de désespoir se faisaient entendre d'un bout de la France à l'autre ; quand les souverains qu'il avait traités avec barbarie entraient en France, en le chassant honteusement devant eux, il méditait encore en faveur de ses chers joueurs à la hausse des plans de finance qui n'étaient que des plans d'agiotage, mais avec lesquels il comptait bien arracher le dernier écu qui lui servirait à faire égorger le dernier Français.

Espérons que le gouvernement des Bourbons abandonnera les pernicieux erremens du système des finances de Buonaparte, et qu'il reconnaîtra que l'agiotage est le plus grand ennemi des peuples et du souverain; qu'il sentira que ce n'est point à un gouvernement légitime qu'il convient de conserver l'agiotage comme un instrument utile à des desseins particuliers. Il ne lui échappera pas, non plus, qu'en créant aujourd'hui de nouvelles rentes, il se mettrait dans la nécessité de faire l'année prochaine une création plus forte d'autres rentes, qui seraient suivies chaque année de rentes toujours de plus en plus considérables. Il se rappellera, en se reportant dans le passé, que l'accumulation des charges n'a jamais manqué d'amener des banqueroutes, et, mesurant aujourd'hui toute la profondeur du mal produit par l'agiotage, il saura apprécier cette pensée de Hume : « Lorsque les abus viennent à un » certain terme, il faut que la société périsse » ou qu'elle les réforme. »

CHAPITRE XXX.

Des moyens de détruire l'agiotage.

S'IL nous a été si facile de prouver qu'il faut détruire l'agiotage, il nous sera bien plus facile encore d'en indiquer les moyens.

L'agiotage ne s'attache jamais qu'aux effets au porteur. Law l'introduisit en France en y créant sa banque, dont les actions étaient au porteur. L'agiotage tomba avec le système. Il se réveilla sous M. Necker et sous M. de Calonne, à l'aide de la compagnie des Indes, de la caisse d'escompte, de la compagnie d'assurances contre les incendies, des emprunts de 125 millions et de 80 millions que le Gouvernement ouvrit dans ces tems, et qu'il mit en reconnaissances au porteur. Les rentes sur l'Etat existaient bien, mais jamais l'agiotage n'avait pu s'exercer sur elles. La raison en est qu'elles étaient réputées immeubles fictifs, susceptibles d'hypothèques et d'oppositions, et transmissibles par des formalités dont la longueur ne pouvait pas compatir avec la vivacité et la précipitation qui font l'ame de l'agiotage.

Ce n'est que depuis que les rentes ont été mobilisées, déclarées non saisissables, ni susceptibles d'oppositions, et qu'on a pu les transférer en vingt-quatre heures, qu'elles sont tombées dans le domaine de l'agiotage, qui les considère comme de véritables actions au porteur, par la vîtesse avec laquelle elles peuvent courir et courent, en effet, quelquefois en dix mains dans une seule bourse. Il ne s'agit donc, pour supprimer l'agiotage, que de rétablir, pour la voie de la transmission des rentes, les formes qui existaient avant la révolution; il ne s'agit que de les déclarer immeubles fictifs dans tous les cas, comme elles le sont déjà dans plusieurs (en faisant à cet effet un léger changement dans le Code civil, qui, alors, cessera d'être en contradiction avec lui-même); ou de reconnaître au moins qu'elles sont susceptibles d'oppositions et de saisies, si l'on ne veut les déclarer immeubles fictifs. Alors elles ne pourront être transmises que par voie de transport fait par acte authentique, enregistré, signifié et suivi d'un certificat de non opposition ou de radiation d'oppositions, après lequel seulement la rente sera transmise, et le prix de sa vente sera payable. Ces formalités indispensables, qui devront précéder l'inscription au grand-livre, que l'on conservera toujours pour ordre, ne devant pas durer moins d'un mois, engendrant des droits d'enregistrement et des frais, et créant des garanties, il sera impossible d'agioter sur ces rentes, en les passant, comme on fait, de main en main, dix fois dans une bourse, en vertu de ventes qui vraiment ne sont pas des ventes. L'agiotage tombera donc nécessairement, et la spéculation sur les rentes, pour qui voudra la faire, subsistera seule en payant de légitimes droits au fisc. Du reste, la rente ne pourra être vendue que par le ministère d'un agent-de-change qui, obligé d'inscrire à l'instant l'opération sur son carnet, sera responsable de l'exécution des formalités : toute vente faite autrement, déclarée nulle, sous peine d'amende contre le vendeur et l'acheteur ; sous peine, en outre, d'être l'un et l'autre poursuivis comme banqueroutiers frauduleux, s'il s'agit de marchés de rentes à primes, et si les parties contractantes sont dans le commerce et les affaires. Affiches aussi à la trésorerie, pendant quinze jours, des transports de rentes, pour donner le tems à tout créancier du rentier cédant de former son opposition pendant ce délai.

Ce moyen que nous indiquons est si simple, qu'il y a à s'étonner qu'on n'y ait pas pensé ;

mais comment cela serait-il arrivé? on ne l'a pas cherché. On a fait mine, sous Buonaparte, de reconnaître les abus de l'agiotage et d'annoncer qu'on voulait y porter remède; mais tout s'est réduit à des apparences qu'on était bien éloigné de vouloir réaliser. On roulait dans ce cercle vicieux, qu'il était inutile de chercher à détruire l'agiotage, parce qu'il n'y avait aucun moyen d'y parvenir, et que le moyen, existâ-t-il, il faudrait bien se garder de l'employer, parce que détruire l'agiotage serait nuire à la rente, serait porter atteinte au crédit public. Or, il nous est facile maintenant de juger combien ce raisonnement est vicieux sous tous les rapports.

En quoi le moyen que nous proposons pour la destruction de l'agiotage est-il difficile? en quoi nuira-t-il à la rente et portera-t-il atteinte au crédit public?

Notre moyen ne peut pas être difficile à employer, car il consiste dans des formes de transmission de rentes qui ont été employées pendant de longues années avec la plus grande facilité.

Le sort des rentiers sera assuré, et le crédit public affermi, ou, plutôt, vraiment établi, quand, par la suppression de l'agiotage, le Gouvernement en reviendra à un système de finances juste, raisonnable, favorable au développement de l'industrie des peuples, et qui leur laissera les moyens de fournir aux impôts nécessaires pour servir les rentes et soutenir les charges publiques. Il est vrai que le rentier, s'il veut vendre sa rente, aura quelques frais à payer; mais outre qu'en général le rentier ne vend pas, et qu'il garde sa rente dans tous les tems, ce désavantage n'est-il pas compensé de reste par l'assurance qu'il aura désormais que sa rente ne court plus aucun risque? car, qu'il ne s'y trompe pas, cette assurance ne peut lui être donnée que par un bon système de finances. L'agiotage amènerait tôt ou tard la banqueroute; il s'est servi toujours du prétexte de l'intérêt des rentiers pour exiger tout sacrifice de la part de la propriété foncière, de l'industrie des campagnes et des villes. Tôt ou tard il y aurait une réaction contre lui; et comme la masse des rentes serait alors immense, il arriverait, par cet esprit de violence qui pousse aux excès dans les réactions, que le rentier serait proscrit avec l'agioteur.

C'est ce dernier et le spéculateur qui souffriront du moyen que nous indiquons pour détruire l'agiotage; mais l'agiotage est, à nos yeux, le fléau de la société, la principale cause du désordre de nos finances. L'agioteur est un vampire qui suce le plus pur sang des peuples.

Quant au spéculateur, que nous sommes loin de confondre avec lui, et qui ne croit point nuire à l'intérêt général, pourquoi donc le Gouvernement continuerait-il de donner à un commerce nuisible des exemptions de droits qu'il refuse à tous les commerces, à toutes les industries et aux propriétés ? Un commerçant, un manufacturier, un propriétaire paient des droits au fisc pour vendre leurs marchandises ou céder leur propriété : pourquoi la rente, qui est une propriété, n'en payerait-elle pas quand elle change de main ? Qu'on nous explique cela, et nous nous taisons : si on ne peut nous donner une explication tant soit peu raisonnable, qu'il nous soit permis de dire que c'est la disposition de loi la plus injuste, la plus absurde, la plus inconséquente qu'on puisse imaginer. Le Gouvernement donne une prime d'encouragement à une industrie nuisible pour détruire les industries utiles ; il paye le spéculateur sur les rentes, pour que ce spéculateur empêche tout le monde de le payer, lui, Gouvernement. Il se plaint de ne pouvoir atteindre le capitaliste, et c'est lui qui lui fournit les moyens de pouvoir se soustraire à lui.

Qu'on nous dise aussi pourquoi la rente est et n'est pas en même tems susceptible d'oppositions, le Gouvernement pouvant en former sur les rentes qui appartiennent à ses comptables et à ses agens, tandis que leur créancier, lui, n'en peut pas former? C'est, dit-on, en vertu du privilége qu'a le Gouvernement sur tout créancier: un privilége est bien le droit d'être payé préférablement à tout autre, mais il n'est pas le droit pour le Gouvernement d'empêcher que son débiteur, quand il l'a désintéressé, ne paye ses créanciers; il n'est pas le droit de faire qu'il n'y ait de la justice que pour lui, et qu'il n'y en ait pas de son agent à ses créanciers; il n'est pas le droit de faire qu'il y ait deux poids et deux mesures; il n'est pas le droit de fournir des moyens de fraude à un débiteur de mauvaise foi.

Que de contradictions, que d'inconséquences en administration, quand on agit sans principes, ou, ce qui est la même chose, quand on part d'un principe faux!

Nous partons, nous, d'un principe vrai, en proposant la suppression de l'agiotage: toutes nos conséquences sont justes, tous nos résultats sont heureux et féconds; nous favorisons partout le travail et l'industrie; nous leur rendons des moyens dont ils étaient privés ; nous faisons reverser dans l'agriculture, dans les arts, dans les manufactures, dans le commerce, des capitaux qui leur étaient enlevés, qui conspiraient même contre eux, et qui désormais vont concourir avec les autres capitaux au bien-être général. Nous tenons une balance égale avec tous ; nous faisons qu'un débiteur, obligé d'être juste envers le Gouvernement, est aussi forcé à la justice envers ses créanciers, et qu'il ne peut pas leur soustraire ses biens parce qu'ils consistent en rentes. Nous faisons aussi que le Gouvernement peut atteindre le capitaliste dans les occasions où il lui échappait ; car ses fonds, placés dans les affaires, dans le commerce, ou en propriétés foncières, ne sont plus invisibles, comme ils l'étaient dans son portefeuille. Ils contribuent donc, d'une manière ou d'une autre, aux charges de l'Etat ; ils allègent aux autres propriétés le poids des contributions. Le capitaliste spéculateur n'est plus l'objet d'une juste jalousie de la part de ses concitoyens, d'un vrai scandale en matière d'impôts ; il n'encourage plus, par son exemple, à s'isoler de la chose publique. Il est intéressé désormais au maintien de l'ordre, au respect pour la propriété, à l'observation de la justice ; et il connaît enfin une patrie qu'il ne peut plus déserter en emportant ses capitaux.

Spéculateurs sur les rentes, qui agissez de bonne foi! si cet ouvrage vous tombe entre les mains, et que vous le lisiez avec la prévention qu'on a d'ordinaire contre ceux qui ne partagent pas nos idées, vous croirez peut-être que nous attaquons vos intérêts : nous les défendons, au contraire, mais vos intérêts bien entendus ; car vous vous méprenez sur leur compte : vous vous fiez trop à l'espoir d'échapper plus aisément que d'autres au naufrage général ; vous y succomberiez. Regardez le désordre affreux qui règne de tous côtés : il tient à ce que vous voulez faire votre bien particulier aux dépens du bien de tous, et chacun vous imite. Chacun veut de la société pour lui seul : qu'en arrive-t-il? Que vous vous nuisez tous les uns aux autres, que vous ne pouvez plus vous entendre, que vous faites de l'ordre social un champ de bataille où vous vous égorgez, quand il devrait être pour vous un lieu de refuge et de mutuelle défense contre les misères de la vie. Ah! revenez d'une erreur trop fatale. N'imitez pas ces abeilles autrefois amies de l'ordre et du travail, et qu'une fureur insensée a saisies tout-à-coup : elles ont oublié la loi de leur instinct, elles courent au pillage du bien commun ; mais bientôt les combats se livrent entr'elles, elles se percent mutuellement de leur aiguillon envenimé ; toutes périssent, aussi bien celles qui sont gorgées de miel que les autres.

CHAPITRE XXXI.

De la Nécessité de fonder la Banque de France sur de nouvelles et de solides bases.

La Banque de France est un établissement qui, s'il portait sur des bases solides, procurerait les plus grands avantages. Les bases en étant fausses, il est dangereux ; nécessité donc de changer ses bases, tout en le conservant.

La Banque de France est une banque de circulation.

On appelle banques de circulation celles qui émettent des billets que leur crédit fait recevoir volontairement dans les paiemens à l'égal du numéraire.

Un billet de banque ne doit donc jamais avoir cours forcé de monnaie.

Cependant, en deux ou trois occasions déjà, le billet de banque a eu cours forcé de monnaie, et, pour ajouter un mal à un mal, il a eu cours forcé de monnaie pour les uns, quand il ne l'avait pas pour les autres.

Prouvons ce que nous avançons.

Et pour nous borner à un seul fait, rappelons ce qui s'est passé à l'époque du départ de Buonaparte pour la campagne d'Austerlitz.

Il puise, en partant, dans les caisses de la Banque, et y prend le numéraire qu'il veut. Ses généraux et ses officiers échangent leurs billets de banque contre de l'argent dans les bureaux de change de Paris. Ces opérations sont bientôt connues. L'inquiétude se manifeste parmi les porteurs de billets; ils se présentent en nombre à la Banque pour échanger les leurs; elle laisse voir son embarras, et traîne les échanges en longueur. Les alarmes augmentent; ce sont de longues files de porteurs de billets qui viennent assiéger nuit et jour les portes de la Banque. La police s'en mêle; elle fait entrer ses émissaires dans les rangs des porteurs de billets; elle y excite des troubles; elle note comme mauvais citoyens, et menace de la colère de Buonaparte, le banquier, l'agent de change, le notaire, le commerçant, l'entrepreneur de travaux qui montreront assez peu de *patriotisme* pour préférer l'argent au billet. La crainte fait qu'ils se retirent. Obligés de garder leurs billets, qui deviennent pour eux monnaie forcée, ils les voient refusés par ceux à qui ils doivent. Des offres réelles sont pourtant faites en billets ; les tribunaux, embarrassés, tantôt les rejettent et tantôt les déclarent valables. De son côté, la trésorerie affecte en apparence de les recevoir, pour avoir le droit de ne payer qu'en billets ; mais des mesures secrètes sont prises pour qu'à l'aide des formes administratives elle puisse les refuser sans paraître le faire.

Si une banque publique met en circulation des billets qui fassent office de signe d'échange, pour qui y a confiance, ce ne peut être que dans l'intérêt de la société; car ce n'est que dans son intérêt que les signes d'échange ont été créés.

Tout doit donc se rapporter avant tout à l'intérêt de la société, c'est-à-dire à la sûreté et à la sécurité du porteur de billets. Dans la constitution d'une banque de circulation, ce qui ne concerne que l'intérêt particulier des actionnaires de la banque doit conséquemment être subordonné à cet intérêt premier de la société.

Mais, jusqu'à présent, c'est tout le contraire qui a été fait dans toutes les institutions des banques de circulation.

On ne s'y est nullement occupé de donner aux porteurs de billets la garantie dont nous parlons ; on n'a songé qu'à assurer aux actionnaires de ces banques des occasions et des moyens de bénéfices.

Par la nature des choses, les actionnaires sont toujours opposés d'intérêts aux porteurs de billets, puisque les actionnaires doivent toujours tendre à faire le plus d'affaires possibles pour faire de plus gros bénéfices, à émettre par conséquent le plus de billets comparativement à leur fonds de réserve, tandis qu'au contraire l'intérêt des porteurs de billets est toujours qu'il y ait le moins possible de billets en circulation, pour qu'ils aient toujours l'assurance de n'attendre jamais, quand ils se présenteront à l'échange. Il suit de là que ce sont bien moins les réglemens de l'administration intérieure, toujours très-bien faits, mais particulièrement relatifs aux intérêts des actionnaires, que l'on doit considérer, que ce ne sont les statuts fondamentaux de l'établissement et les bases sur lesquelles il porte, qu'il est de la plus grande importance de bien examiner, de bien sonder.

Tout est admirable à la Banque de France en fait de réglemens intérieurs. Il est impossible de trouver nulle part plus d'ordre, plus d'exactitude, plus de ponctualité; tout s'y fait à point nommé. Dans une heure, elle peut connaître la situation de toutes ses caisses et sa position générale.

Hé bien! ses bases fondamentales sont détestables; c'est un édifice immense qui, à l'œil, commande l'admiration, et qui porte à plat sur une terre mouvante.

En effet, quelles sont les bases de la Banque de France? Des capitalistes se réunissent, et ils disent : « Nous ferons entre nous un capital » en numéraire de tant de millions, et nous » émettrons à côté autant de nos billets de » banque que nous croirons qu'il est néces- » saire de le faire pour les besoins de la place » et du commerce, à la tête desquels seront » toujours ceux du maître, qui, comme de » raison, aura le droit de nous faire faire tout » ce qu'il voudra, quoique le contraire sera » dit dans nos statuts. Du reste, soyez bien » tranquilles, vous qui prendrez de nos billets » sans pouvoir, à cause de votre position, de » votre place, de vos relations, de vos intérêts » du moment, vous en défendre aucunement; » soyez bien tranquilles : nous ne ferons ja- » mais que ce que nous voudrons d'affaires; » nous soutiendrons le Gouvernement, en lui » donnant les moyens de faire sur les peuples » des emprunts forcés; et, en retour, le Gou- » vernement nous soutiendra, si, pour l'avoir

» trop aidé, nous nous trouvons dans l'em-
» barras. »

Voilà exactement tout le plan de la Banque de France. Elle n'a pas d'autre base que la promesse qu'elle fait au public qu'elle agira dans son intérêt, à elle : ce qui lui assurera, à lui, son intérêt, et qu'elle ne se laissera jamais forcer la main. Mais nous ne voyons là rien qui mérite le nom de combinaison, à moins qu'on n'appelle ainsi l'accord fait entre le Gouvernement et des capitalistes pour tirer parti de ce que la matière des banques de circulation n'a pas encore été éclaircie, de ce que l'une des choses les plus importantes pour l'Europe commerçante est encore dans l'enfance de la découverte, sans avoir fait un pas depuis.

La cause de ce phénomène tient à ce que ceux qui étaient appelés naturellement à faire faire des progrès à la science avaient intérêt à ce qu'elle n'en fît pas, à ce qu'il fût établi qu'en banque tout consiste dans le crédit personnel.

L'idée est vraie, s'il s'agit de banques particulières; elle est fausse, quand il s'agit de banques publiques ; mais, eût-elle été vraie dans les tems passés, elle ne pourrait être reconnue telle aujourd'hui, après les infidélités sans nombre faites par tous les gouvernemens de l'Europe dans leurs banques publiques.

Les banques particulières qui donnèrent les premières l'idée des billets de banque en payant les traites qu'elles escomptaient avec des billets à vue au porteur, lorsque le numéraire leur manquait (car c'est là l'origine des billets de banque de circulation), n'avaient à pourvoir qu'à une seule chose, qu'à tenir leur caisse suffisamment garnie le lendemain du jour où ils avaient donné leurs billets à vue; ce qui leur était d'autant plus facile, que leurs opérations étaient bornées, et que les porteurs de ces billets étaient d'ordinaire en comptes-courans avec eux. Mais quand une banque publique émet des billets de circulation, comme ses opérations sont bien autrement étendues, comme elle a à faire au public tout entier, comme le Gouvernement jette toujours un regard de convoitise sur les fonds considérables qu'elle a en caisse, comme ses agens ont toujours à se défendre contre lui de la séduction ou de la violence, elle a, par toutes ces raisons, à pourvoir à d'autres choses encore qu'à tenir une suffisante quantité de fonds en réserve pour l'échange de ses billets.

Si les positions sont bien différentes, les combinaisons doivent l'être aussi, ou, pour mieux dire, il doit y en avoir; car on ne peut pas appeler vraiment combinaison ce que faisaient les banques particulières, en émettant des billets payables à vue.

Ainsi la grande erreur a été de croire qu'il suffisait pour les banques publiques de circulation de se contenter d'appliquer la seule idée qui avait été employée pour établir les banques particulières.

A quoi donc enfin les banques publiques de circulation ont-elles à pourvoir?

Elles ont à pourvoir, dans les combinaisons de leur plan, dans l'assiette de leurs bases, à ce que le public ait l'intime conviction (cela ne suffit pas encore), ait la *garantie matérielle* qu'il ne sera émis qu'une quantité de billets telle que l'échange contre numéraire en sera toujours assuré *matériellement à bureau ouvert;* car, si on ne lui donne pas ce genre de garantie, ou il n'aura dans la banque qu'une médiocre confiance qui empêchera l'établissement de prendre tout l'essor convenable, ou, s'il le prend, il en abusera, et le public en souffrira.

Elles ont à pourvoir encore à ce que, dans aucun tems, le Gouvernement, quelque puissant qu'il soit, ne puisse violer le dépôt sacré des sommes tenues en réserve pour l'échange des billets, quelque tentation qu'il en ait par la grande quantité de ces sommes, quelque prétexte qu'il puisse alléguer. Car, si le Gouvernement n'est pas arrêté par une force insurmontable pour lui, il finira par céder à la tentation tôt ou tard, témoin les différens exemples que l'histoire en offre partout en Europe, dans tous les tems.

Elles ont à pourvoir aussi à ce que ceux qui sont à leur tête aient à leur disposition une force *des choses* capable de résister à toutes les volontés arbitraires, à toutes les violences des hommes, afin que ces gardiens des intérêts du public ne puissent jamais être obligés de céder par crainte ou par corruption.

Enfin, elles ont à pourvoir à ce que leur établissement serve à tous, et qu'il n'en soit pas abusé pour mettre des classes dans la dépendance d'autres classes, ou pour augmenter encore cette dépendance si elle existe déjà par un vicieux ordre de choses.

Or, nous le demandons, la Banque de France a-t-elle pourvu à toutes ces choses? Certes, il est facile de prouver que non: d'abord, elle n'a pas pourvu à ce que les propriétaires, les cultivateurs, et un grand nombre de producteurs d'objets consommables, sortissent de la dépendance dans laquelle ils ont toujours été des possesseurs d'argent? Loin que cela soit, elle a augmenté cette dépendance, en aidant exclusivement tous ceux qui spéculent sur les denrées et les marchandises, et principalement aujourd'hui sur les rentes ; et ces spéculateurs de tout genre, se créant entr'eux de nouvelles ressources pécuniaires, concentrant entr'eux les secours qu'ils provoquent, se mettent encore mieux dans le cas de faire la loi aux propriétaires, et au plus grand nombre des plus utiles producteurs. On peut même dire que la Banque, par ses prêts sur dépôt de rentes, est un des plus fermes soutiens de la spéculation des rentes et de l'agiotage dont nous avons vu plus haut les funestes effets.

En second lieu, elle n'a pas pourvu, la Banque, à ce que, par les combinaisons de son institution, ses administrateurs, ses agens principaux pussent se soustraire aux volontés toutes arbitraires qu'elle savait bien que lui dicterait le Gouvernement pour obtenir d'elle les choses les plus funestes à ses intérêts? Elle n'a pas pourvu à ce que la force des choses empêchât le Gouvernement de violer le dépôt des sommes tenues en réserve pour l'échange des billets; à ce qu'une *garantie matérielle*, donnée au public, l'assurât à jamais qu'il ne pouvait, dans aucun tems, être émis au-delà d'une quantité déterminée de billets.

Pour avoir la preuve de ce que nous avançons, qu'on voie si elle a empêché Buonaparte de lui enlever le numéraire qu'elle avait à l'époque dont nous venons de parler, de la mettre dans la nécessité de suspendre momentanément le paiement de ses billets, et de leur donner, pour quelques personnes, le cours forcé de monnaie; qu'on voie si elle n'a pas cédé aux ordres qu'il lui intimait de fabriquer et d'émettre autant de billets qu'il en voulait; qu'on voie enfin si elle n'a pas été obligée dans tous les tems de lui faire toutes les avances, tous les escomptes, tous les versemens de papiers qu'il a désirés, à ce point, que c'était une chose de notoriété publique que la Banque, le trésor, la caisse de service, la caisse d'amortissement, étaient également à l'entière disposition du Gouvernement, et qu'on les considérait tous quatre comme quatre maisons d'une grande société de commerce qui se prêtaient un secours mutuel, et opéraient toutes dans le même intérêt, sous quatre noms différens, au premier signe de la volonté du maître commun.

C'est à ce défaut ou plutôt à cette absence totale de combinaisons dans le plan de la

Banque de France, qu'il faut attribuer la perte de 52 millions que le gouvernement de Buonaparte lui a fait éprouver, et que les peuples ont été obligés de couvrir sous le gouvernement royal. C'est juste, puisque l'article 70 de la Charte a voulu que tous les engagemens contractés par l'Etat fussent inviolables; mais ce n'est juste que sous ce point de vue. Les peuples auraient pu dire à la Banque : « Vous » n'avez pas prêté, à proprement parler, à » l'Etat, car vous n'y étiez pas autorisée, car » vos statuts et les promesses que vous faisiez » au public pour l'engager à avoir confiance » en vos billets quand vous vous êtes établie, » annonçaient que vous seriez dans une indé- » pendance entière du Gouvernement. C'est » à Buonaparte lui-même que vous avez prêté. » Il n'était pour vous, quand vous l'avez aidé, » qu'un particulier. Il n'a pas été pour nous, » dans cette occasion, le chef de l'Etat. Per- » dez la somme, s'il ne peut pas vous payer; » mais ne nous demandez pas, à nous, peuples, » de vous la payer au moyen d'un surcroît » d'impôts qu'on mettrait sur nous à cet effet; » car c'est exiger de nous que nous vous in- » demnisions de vos propres fautes, de votre » faute, quand vous nous avez si hautement » et si mal à propos assurés que vous étiez dans

» l'indépendance du Gouvernement ; de votre » faute, quand, en vous établissant, vous avez » négligé de chercher des combinaisons qui » vous missent en mesure de résister à des vo» lontés arbitraires que vous saviez bien qu'il » ne manquerait pas d'avoir. »

Ce langage n'a pas été tenu, et, en définitif, ce sont les peuples qui paient aujourd'hui. Mais si, les choses étant examinées de bien près, on eût jugé qu'ils ne devaient pas payer, la Banque perdait ses 52 millions, et la perte tombait ou sur ses actionnaires, ou sur les porteurs de billets. Ici c'est la France qui supporte la perte; elle empêche qu'il n'y ait une déconfiture dans les affaires de la Banque : à coup sûr c'est heureux pour elle ; mais il n'en est pas moins vrai qu'il y a eu un très-grand mal de produit, et qu'il est dû à l'absence de toute combinaison dans le plan de la Banque de France ; qu'il devient donc indispensable de prévenir le retour de pareils malheurs, en donnant enfin à cette Banque des bases solides.

C'est l'objet que nous nous proposons en présentant le plan de banque que nous allons faire connaître, et que pourrait adopter la Banque de France, en conservant son excellent régime intérieur (sauf les modifications qui seraient nécessaires), et en employant aussi les mêmes personnes dont elle se sert si utilement et à la satisfaction générale ; car il serait difficile qu'elle trouvât gens plus honnêtes, plus laborieux et plus capables de bien faire.

Notre plan de banque n'est pas nouveau ; nous l'avons publié en pluviose an 7, sous le titre de *Caisse des propriétaires*, et il fit alors sensation dans le public ; différens journalistes et écrivains en économie politique le louèrent beaucoup pour la moralité de son intention, et comme contenant des idées heureuses et tout-à-fait neuves en matière de banques de circulation : mais fondé sur le crédit *réel*, à la différence de toutes les banques de circulation connues qui s'appuient sur le crédit *personnel*, il étonna d'abord les banquiers et les gens de finance ; cependant ils ne tardèrent pas à revenir des préventions qu'ils devaient naturellement avoir ; la preuve en est dans les soumissions d'intérêts dans la Banque que firent les premières maisons de banque et de commerce de Paris (1) : des assemblées eurent lieu chez nous pour l'organisation de l'établisse-

(1) Nous avons encore ces soumissions entre les mains : les principales sont celles de MM. Cretet, Perregaux, Lecouteulx, Sevennes frères, Sabatier, Perier, Dallarde, Basterreche, Lubbert, Anson, Amelot, Desmousseaux, Saint-Aubin, Choderos-Laclos, de Normandie, Bergon, Michel-Simons, Vanlerberghe, Durieux, Guillaume, Boyer-Fonfrede, Saillard aîné, Gaudelet, Dejoly, Johannot, Michaud, Saisseval, Sallonnier de Tamnay, etc., etc.

ment, et nommèrent des commissaires *ad hoc*; elles furent présidées par M. Cretet, alors membre du conseil des anciens, et qui fut depuis ministre de l'intérieur. Buonaparte étant revenu d'Egypte dans ces entrefaites, tout resta là; il ne pouvait pas lui convenir d'adopter le plan d'une banque dans laquelle il ne puiserait pas à son aise. Il fit deviner ses vues ultérieures en supprimant, contre des lois positives, la caisse d'escompte du commerce, parce que l'émission de ses billets était limitée, pour créer à la place la Banque de France, qui peut émettre à discrétion des billets. Nous laissâmes donc là notre plan sans y donner la moindre suite. Aujourd'hui nous croyons le moment venu de le reproduire.

CHAPITRE XXXII.

Que la Banque de France éviterait, si elle était fondée sur les bases solides de notre plan de banque, les inconvéniens qu'elle présente dans son état actuel.

Si la Banque de France adoptait les bases du plan que nous allons proposer, elle éviterait tous les inconvéniens qu'elle présente dans sa constitution actuelle.

1°. Les propriétaires ne seraient plus dans

la dépendance absolue et ruineuse des possesseurs d'argent : ceux-ci, au lieu d'agir contre les propriétaires, comme ils le font continuellement, auraient au contraire intérêt à travailler avec eux. Ils se serviraient mutuellement les uns les autres, les propriétaires ajoutant par leur crédit hypothécaire aux moyens des possesseurs d'argent, qui, de cette manière, feraient des bénéfices, et ceux-ci apportant à la Banque, à l'appui du crédit hypothécaire, des capitaux d'où résulteraient des profits auxquels participeraient les propriétaires, concurremment avec les possesseurs d'argent.

Nous ne disons pas que les propriétaires doivent s'attendre à faire escompter leurs effets à la Banque avec la même facilité et la même latitude que les commerçans, les manufacturiers et les hommes de finance ; cela est impossible.

Nous disons que ceux des propriétaires fonciers qui voudraient prêter leur crédit hypothécaire à la Banque, tout en continuant de jouir des fruits de leurs biens, se créeraient un revenu additionnel, en sorte que tel bien qui produit aujourd'hui à son propriétaire 5000 fr. net, par exemple, lui en produirait alors 6, et peut-être plus, sans risque et sans peine, parce que ce bien représenterait à la Banque un capital qui travaillerait · en sorte encore que, par une conséquence nécessaire, ce bien augmenterait immédiatement de valeur.

Nous disons que tout possesseur de numéraire qui, *le gardant toujours entre ses mains*, voudrait le tenir, sous certaines clauses, à la disposition de la Banque, pour en aider dans des besoins extraordinaires et très-rares le crédit hypothécaire des propriétaires, participerait aux bénéfices de la Banque comme s'il y avait versé des fonds.

C'est là ce que nous appelons se servir mutuellement. Il y a même tout à présumer que ces services mutuels des propriétaires aux possesseurs d'argent, et de ceux-ci aux premiers, iraient plus loin, et que, se trouvant ainsi rapprochés les uns des autres, beaucoup de possesseurs d'argent pourraient souvent aider de leurs signatures à la Banque les propriétaires avec lesquels ils seraient en rapport, pour leur faire trouver des fonds à un intérêt qui ne les ruinerait plus.

Qu'on apprécie toute l'étendue des résultats de cette nouvelle organisation de la Banque de France.

2°. L'émission des billets serait limitée dans des bornes proportionnées à leur gage, sans jamais pouvoir être dépassée, et la garantie qu'en auraient les porteurs de billets de banque serait une *garantie matérielle*, à laquelle rien ne porterait atteinte, parce qu'elle consisterait dans le mode même de confection des billets.

3°. Quelques sommes considérables que la Banque fût obligée de tenir en réserve pour faire face à tout instant à la demande d'échange de billets, jamais elle n'aurait à craindre que le Gouvernement se portant, dans un moment d'erreur, à l'abus de sa force, vînt mettre la main sur ces sommes; et la garantie de cette impossibilité (qui est *absolue* et *matérielle* pour lui) résulterait de ce que la majeure partie de ces sommes serait disséminée, par les combinaisons de la Banque, entre les mains et dans les caisses d'une infinité de personnes (*des teneurs à disposition*), chez lesquelles il serait physiquement impossible que le Gouvernement envoyât ses agens tout à-la-fois; tandis qu'il est toujours si facile à la force de se présenter dans un seul lieu pour s'emparer de sommes considérables. La Banque, par exemple, aurait à garder cent millions en réserve pour l'échange de ses billets en circulation; il faudrait, dans le système actuel de la Banque, qu'elle les eût dans ses caisses; dans notre système d'organisation de la Banque, il lui suffirait d'avoir chez elle en caisse 10 millions, les 90 autres millions seraient éparpillés chez quatre ou cinq mille actionnaires, qui, par leur nombre et leur isolement les uns des autres, seraient hors de l'atteinte d'un coup violent et inattendu de la force, quand, pourtant, ils ne pourraient pas l'être de l'action régulière de la justice, pour se dispenser de verser à la première demande de la Banque; combinaison tout-à-fait nouvelle, qui n'appartient qu'à nous, et dont les effets ne seront pas moins heureux que ceux de la combinaison qui donne la garantie matérielle de l'émission limitée des billets.

Nous osons affirmer que si Buonaparte avait trouvé ces deux combinaisons pour obstacles à ses volontés (qu'il ne manquait pas d'appeler des actes de l'autorité légitime), il n'eût jamais surmonté de pareils obstacles, il n'eût jamais forcé la Banque de fabriquer assez de billets pour lui prêter 52 millions, il n'eût jamais pu en quelques heures envoyer enlever dans ses caisses le numéraire qu'elle y gardait pour l'échange des billets qu'elle avait en circulation; il n'eût jamais pu en toute occasion forcer la main aux personnes qui étaient à la tête de la Banque pour leur faire faire d'autorité tout ce qui lui convenait.

4°. Les banques de circulation ne sont nécessaires qu'autant que le signe d'échange n'est pas suffisamment abondant pour les affaires et les différentes transactions. Mais ce mot abondant n'est qu'un mot relatif : nous n'avons ni affaires, ni commerce, ni industrie manufacturière aujourd'hui; cela tient-il à ce que notre numéraire va tous les jours en diminuant, et n'est plus suffisamment abondant? ou la cause en est-elle dans l'inquiétude générale des esprits, à la vue des atteintes continuelles que l'on a données à la Charte? On peut dire en toute assurance que le manque d'affaires en tout genre tient à cette dernière cause autant qu'à la pénurie d'argent. Elle va cesser cette cause, puisque le Roi, en cassant la Chambre qui avait fait tant d'infractions à la Charte, a de nouveau pris l'engagement royal de la faire exécuter. Cela étant, il est hors de doute que les affaires reprendront avec d'autant plus d'activité que chacun a des pertes à réparer, et soupire, par besoin, après des occasions de travail; il est hors de doute qu'elles reprendront avec d'autant plus d'activité que, pour exécuter la Charte, il faudra rendre justice à tout le monde, ce qu'on ne pourra faire qu'en payant de la manière que nous avons indiquée, et fournissant ainsi les premiers moyens d'argent nécessaires à la reprise des travaux. Alors il est encore hors de doute que le signe circulant qui resterait en France, renforcé de notre milliard de bons d'état (lequel ne sera que le remplacement du numéraire qui va sortir de France), ne suffirait pas pour faire face aux besoins de toutes les transactions et de toutes les affaires, et que la Banque de France deviendrait d'une nécessité indispensable.

Dans son état actuel, et par l'absence des combinaisons, elle n'est vraiment pas la *banque de France*, elle n'est que la *banque de Paris*, les villes de province, où elle a voulu établir des succursales, ayant toujours refusé ses billets malgré les efforts réitérés du gouvernement de Buonaparte, pour les y faire circuler : mais, assise dorénavant sur des bases solides, et présentant des avantages plus généraux, des avantages réels aux propriétaires, il est vraisemblable qu'elle étendrait son empire comme ses bienfaits dans les principales villes de France, peut-être dans toute son étendue, à l'instar de la banque de Londres, dont les billets sont reçus dans toute la Grande-Bretagne.

Nous ne croyons pas que la Banque de France soit allée jusqu'à émettre 70 millions, et qu'elle ait aujourd'hui 25 millions de billets en circulation ; il ne nous étonnerait pas cependant que, par la reprise générale de l'activité et des travaux, et les douze ou quinze premières villes de France consentant aussi à établir chez elles des succursales et à recevoir ses billets, elle pût en faire circuler à Paris et dans ces villes pour 400 millions. Au reste, il n'y a que le tems qui puisse l'apprendre : nous n'en dresserons pas moins notre plan sur cette donnée, à laquelle on n'arriverait entièrement que par degrés et peu à peu, en consultant l'état des choses sans prétendre rien forcer.

CHAPITRE XXXIII.

Nouvelles bases d'etablissement de la Banque de France.

La nouveauté de nos combinaisons nous oblige, pour qu'elles soient parfaitement entendues, de faire précéder ces bases de développemens explicatifs.

La banque, comme on le verra, aurait un fonds primitif de 800 millions, dont 400 millions en numéraire ou en *engagemens équivalens* (*en crédits hypothécaires*) et 400 millions en ses billets circulans.

Les 400 millions de numéraire ou *engagemens équivalens* seraient produits :

1°. Par 8000 actions à 10,000 fr. chaque, payables moitié en billets, et l'autre moitié par 5000 fr. numéraire ; ce qui donnerait en numéraire. 40,000,000 f.

2°. Par 72,000 actions hypothécaires à 10,000 fr. chaque, moitié billets, moitié crédit hypothécaire réalisable en *argent* sous trois mois, ce qui ferait en numéraire 360,000,000

En numéraire. . . . . 400,000,000 f.
En billets circulant. 400,000,000

Montant du fonds général. . . . 800,000,000 f.

Les actions numéraires ne sont susceptibles d'aucune observation particulière ; leur nature ne s'écarte pas des combinaisons ordinaires, et leur sort est réglé par les statuts ci-après. Nous faisons seulement observer qu'il y aura des cinquièmes d'action de 1000 en numéraire et 1000 fr. en billets.

Quant aux actions hypothécaires, aucun établissement précédent n'en ayant fait usage, surtout avec le complément *d'actions de recours*, c'est ici que les explications sont indispensables.

Il ne faut pas perdre de vue que les obligations hypothécaires souscrites par les preneurs d'actions de cette nature, à la charge d'en payer la valeur en numéraire dans trois mois, peuvent exposer la banque à quelques lenteurs dans la rentrée de cette obligation, si, par exemple, tel actionnaire hypothécaire ne la réalisait point au terme de son engagement : les délais fixés par les lois pour l'expropriation ne compatissent pas avec la vivacité et la ponctualité des mouvemens d'une banque ; d'une autre part, il serait trop dur pour tout propriétaire, et contraire à l'esprit d'un pareil établissement, de vendre son bien à un terme trop rapproché. Toutes ces considérations majeures, réunies à la nécessité d'assurer la sécurité parfaite des porteurs de billets, nous ont suggéré de compléter ici le système du crédit hypothécaire par une combinaison absolument neuve.

A cet effet, à l'appui des ACTIONS HYPOTHÉCAIRES, nous créons des actions appelées *actions de recours*, dont nous appelons les porteurs TENEURS A DISPOSITION.

Pour se procurer des ACTIONS DE RECOURS, on n'a aucune valeur à fournir, au moins actuellement ; mais il faut déposer pour garantie 500 fr. numéraire.

Le souscripteur de ces *actions de recours* n'est qu'un actionnaire éventuel ; il ne deviendra effectivement actionnaire que par le concours de plusieurs circonstances dont la réunion sera communément très-rare, comme il sera expliqué tout-à-l'heure (sera même impossible quand les combinaisons du plan auront été bien saisies). Cependant, du moment de sa soumission, le souscripteur reçoit un intérêt annuel; mais il contracte, par cette soumission, l'obligation de verser le prix de son action, lorsque des besoins extraordinaires et accidentels auront déterminé qu'il doit à cet effet devenir temporairement actionnaire.

La fixation de ce prix d'action est très-importante, et doit être combinée avec celui de l'action hypothécaire; celle-ci étant de 10,000 f., dont moitié est fournie en immeubles, le prix de l'action de recours ne doit être que de 5,000 fr., parce qu'elle a pour objet d'assurer au public la conversion subite en numéraire d'un gage qui pourrait être réalisé avec trop de lenteur pour les besoins pressans du moment.

Nous venons de dire qu'il faudrait la réunion très-rare de plusieurs circonstances, pour que le soumissionnaire *d'action de recours* devînt réellement actionnaire.

En effet, l'actionnaire hypothécaire a souscrit, par son acte, l'engagement de verser en numéraire à la Banque, à trois mois, les

5,000 fr., pour sûreté desquels il a affecté, par cautionnement, un immeuble de valeur égale. La Banque pressent-elle des besoins extraordinaires *d'espèces*, elle signifie à ses actionnaires hypothécaires qu'ils aient à réaliser en numéraire le montant de leur cautionnement; si tous, ou nombre suffisant d'entre eux, viennent à cet appel, les *teneurs à disposition*, ou soumissionnaires d'actions de recours, sont laissés tranquilles. Si, au contraire, il n'y a point suffisamment d'actions hypothécaires de réalisées, les *teneurs à disposition* sont appelés en nombre nécessaire; et ce nombre est déterminé uniquement par la voie du sort, sans égard à l'époque de la soumission. Ceux désignés versent alors, dans un court délai, le prix de leur action; les autres continuent de rester dans le même état vis-à-vis de la caisse, c'est-à-dire de toucher des intérêts sans avoir à lui fournir actuellement des valeurs.

Il faut donc, avant que le *teneur à disposition* ne devienne actionnaire, et ne soit tenu temporairement au paiement de son prix d'action, 1° que la caisse pressente un besoin extraordinaire d'*espèces;* 2° que l'actionnaire hypothécaire soit hors d'état de réaliser en numéraire le cautionnement de son immeuble; 3° que le sort ait déterminé tel actionnaire, plutôt que tel autre, pour fournir les valeurs de sa soumission ; 4° et, enfin, que toutes ces circonstances se réunissent à-la-fois. Observons, à cet égard, que toutes les banques de commerce regardent comme une garantie solide la signature de trois obligés solvables, parce qu'il est sans exemple que trois faillites aient lieu, en même-tems, par trois individus solidaires, et cela le même jour et dans le même lieu. Ici, ce ne sont pas seulement les individus qui forment cette garantie, mais encore trois sortes d'événemens qu'il est, pour ainsi dire, impossibles de voir réaliser en même-tems.

Le *teneur à disposition*, que ces circonstances réunies appellent au versement de ses fonds, reçoit un avertissement de la caisse de payer, dans le délai de dix jours, les 5,000 fr., prix de son action. Les cinq premiers jours lui sont laissés pour trouver ses valeurs, et, dans les cinq derniers, il doit verser au moins à raison de mille francs par jour. Les deux premiers mille francs seulement, ou deux cinquièmes, sont payables en numéraire; pour les trois autres cinquièmes, ou trois mille francs, il peut les payer en *billets* de la caisse déjà en circulation.

C'est en complétant le paiement de ces 5,000

francs que le *teneur à disposition* devient effectivement actionnaire, en ce sens, qu'il participe à tout partage de dividende, par subrogation aux droits de l'actionnaire hypothécaire qu'il remplace.

Mais il a cet avantage particulier, qu'il n'est qu'un actionnaire prêteur, et qu'il ne fait son prêt que pour *six mois*. Tous les fonds de la société (on parle de ceux versés en commandite) sont affectés à la garantie de son remboursement à l'expiration de cette période.

A l'égard de l'actionnaire hyothécaire, il est déchu, par l'inexécution de son engagement, des intérêts et dividende attachés à son action, lesquels sont passés au *teneur à disposition;* mais il a un délai de trois mois pour la réalisation de ses fonds. Ce délai expiré, sans qu'il en ait profité, il est poursuivi par les voies judiciaires. Cependant il peut toujours, durant le tems des poursuites, désintéresser l'actionnaire prêteur, en lui remboursant, par la voie de la caisse, ses 5,000 francs de la même manière, et dans les mêmes valeurs que ce dernier les a fournies : du moment de l'entier remboursement, il rentre dans tous ses droits d'intérêts et de dividende ; l'actionnaire prêteur redevient, comme auparavant, un simple *teneur à disposition.*

Maintenant, si l'on veut voir ce plan dans l'exécution, et suivre les mouvemens de ces combinaisons, qu'on se figure les porteurs de billets affluant à la caisse, poussés par des besoins extraordinaires et momentanés d'espèces; car, ni la crainte, ni les attaques de la malveillance ne peuvent point égarer l'opinion contre la solidité de semblables points d'appui. La caisse commence alors par faire face aux demandes d'échange de billets avec tous ses fonds de réserve ; mais, en même tems, elle appelle ses actionnaires hypothécaires, qui peuvent aussi réaliser leurs 5000 francs de cautionnement en numéraire par 2000 francs espèces, et 3000 francs en billets de la caisse déjà en circulation : les uns apportent ces valeurs, les autres sont en retard. Ce retard constaté par un silence de vingt-quatre heures, *leurs teneurs à disposition* sont avertis et désignés par le sort, pour l'ordre dans lequel ils doivent venir. Bientôt ils arrivent, apportant chacun 2000 francs en espèces, et 3000 fr. en billets déjà émis; les espèces augmentent les fonds de réserve, et satisfont aux demandes des échangeurs. Mais déjà la recherche que les actionnaires hypothécaires et les teneurs à disposition ont faite eux-mêmes des billets a diminué l'affluence de ces derniers, en multipliant les lieux et les moyens d'échange. Pour se procurer ces billets dont ils avaient besoin, ils ont été trouver un parent, un ami, qui les leur ont prêtés d'autant plus facilement que l'oscillation produite par le jeu des rouages constitutifs était plus grande, et que le prêt pouvait être à court terme. La circulation se revivifie par ces moyens contraires, la confiance se maintient, et par elle les espèces reviennent à la caisse; les billets reprennent une sève nouvelle. La caisse bientôt n'a plus besoin ni des actionnaires hypothécaires, ni des teneurs à disposition : soutenue par eux, elle les soutient à son tour, leur reverse les fonds qu'ils lui ont apportés, les met à même de fournir à leurs engagemens, et rétablit les choses dans leur premier équilibre.

Ce tableau met dans le jour le plus évident les avantages que présente à tous le nouveau plan que nous proposons pour la Banque de France.

Aux porteurs de billets, sécurité entière par l'efficacité des moyens de réalisation.

A la caisse, prospérité résultante de la confiance du public; développement de ses facultés par la solidité et la disponibilité du gage, par l'accession du propriétaire au capitaliste et au commerçant, par l'emploi des capitaux actuels et des capitaux futurs que le crédit met en œuvre, par la facilité de devenir actionnaire, même avant d'avoir les fonds du prix de l'action, enfin, par la recherche des billets en tout tems.

Aux actionnaires hypothécaires, délai précieux qui les sauvera de la vente d'immeubles qu'ils n'ont voulu qu'engager à titre de cautionnement, mais que, dans un moment de gêne générale, ils seraient obligés de donner à vil prix, pour remplir leurs engagemens; délai de telle nature, qu'il réduit ces mêmes engagemens à un simple droit dont on néglige d'user.

Enfin, *à tout capitaliste, tout rentier, tout citoyen* qui aura quelques ressources par lui-même ou par les siens, un profit assuré, un revenu annuel, sans mise de fonds, si ce n'est dans des cas très-rares, pour peu de tems, et toujours sans danger, un profit légitime de ses facultés personnelles et de son crédit. On peut présumer, avec beaucoup de raison, que ce moyen heureux de se faire un revenu sera saisi d'un grand nombre de personnes qui ont des fonds en réserve, et qui continueront de les garder en leur possession, tout en recevant de la Banque des intérêts qui seront calculés, non pas seulement sur les fonds à tenir à disposition, en numéraire, mais aussi sur la partie de billets à y joindre.

Objectera-t-on qu'il est à craindre que les teneurs à disposition ne soient point exacts à remplir leurs soumissions dès qu'ils en seront requis? Mais, d'une part, ils auront toute sûreté à le faire, puisqu'ils seront subrogés aux droits de la Banque contre les actionnaires hypothécaires; de l'autre, la peine de la non exécution sera la perte des 500 fr. numéraire, déposés pour garantie, avec les intérêts et dividende attachés à l'action pendant le semestre courant; et cette perte tournera au profit de ceux qui auront réalisé, et en outre sera pour eux la perte de tout crédit. Les *actions de recours* devant être prises par des justiciables du tribunal de commerce, celui des *teneurs à disposition*, qui ne remplirait pas sa soumission, serait constitué en faillite.

Souvenons-nous aussi que l'intérêt attribué à un *teneur à disposition*, qui a souscrit pour 5000 francs, se paye sur la totalité de cette somme, quoiqu'il ne soit tenu qu'au paiement de 2000 francs en numéraire, et 3000 francs en billets de caisse déjà dans la circulation. Les 3000 francs de billets sont des valeurs nouvelles, qui augmentent la masse circulante, et diminuent la difficulté de se procurer des capitaux, soit réels, soit auxiliaires. En définitif, de quoi s'agirait-il de la part des *teneurs à disposition?* Courir la chance de prêter, au plus pour six mois, sur *créances hypothécaires* garanties encore par un établissement solide. Que fait autre chose dans tous les tems, et aujourd'hui même, le capitaliste? Ne prête-t-il pas isolément sur immeubles, avec cette différence, qu'en s'enregistrant à la *Banque*, pour prêter de cette manière, il reçoit dès-lors un intérêt, et continue de disposer de ses fonds, qu'il ne sera peut-être jamais obligé de réaliser?

Prétendra-t-on aussi que l'appel fait aux *teneurs à disposition* influerait, par contact, sur le crédit de la *Banque?* Mais on sait qu'en Ecosse les banques s'assurent, par un intérêt payé d'avance, des capitaux pour les besoins extraordinaires; et cependant cette recherche de fonds ne leur a jamais fait éprouver aucun échec. Mais ici, il y a une garantie bien supérieure pour le prêteur *enregistré* : c'est le gage hypothécaire qui lui est acquis sous la solidarité de la Banque : d'ailleurs, cette combinaison, parfaitement conforme à la nature de notre pénurie actuelle monétaire, faisant une des bases de l'établissement, son jeu, calculé à l'avance, n'aura rien de surprenant; et il contribuera au contraire à la solidité de la Banque, puisque, ainsi qu'on vient de le prouver, le public saura que le *besoin momentané de se défaire des billets sera égal au besoin semblable de les rechercher.*

On a déjà fait remarquer que la Banque pourrait émettre, avec la plus grande solidité, une masse de billets circulans, proportionnellement plus considérable que toute autre banque de commerce. Et en effet, dans l'espèce présente, elle aurait 400 millions de billets circulans, doublement garantis par les actions hypothécaires et par les cautionnemens des *teneurs à disposition.*

La Banque aurait en outre en numéraire pour fonds de réserve :

1°. Les 8000 actions pour la partie numéraire, à 5000 fr. chacune.	40,000,000
2°. Les 500 fr. déposés pour chacune des 72,000 actions garanties par les teneurs à disposition	36,000,000
Total	76,000,000

Ce fonds de 76 millions serait suffisant pour l'échange des billets, pour toutes les transactions ordinaires où les espèces sont indispensablement nécessaires; quant aux besoins extraordinaires, ils sont prévus par tout ce qui précède. Ainsi habituellement, un cinquième en numéraire, à peu de chose près, procurerait une augmentation dans la circulation de quatre autres cinquièmes en signes auxiliaires valant argent.

A la vérité, les banques de commerce émettent, dit-on, quelquefois jusqu'à quatre-vingts fois les valeurs qu'elles ont en réserve; mais c'est plutôt pour l'intérêt des sociétaires que pour la sécurité du public ou des porteurs de billets : au lieu que, dans la Banque, les quatre cinquièmes excédant le fonds de réserve ont la double garantie des créances hypothécaires, et celle des teneurs à disposition enregistrés pour prêter temporairement du numéraire.

En définitif, toute *banque* ou caisse a pour objet direct d'augmenter les signes d'échange pour activer la circulation; ici ce but se trouve rempli, en évitant deux écueils reprochés jusqu'à présent à tous billets territoriaux ou de propriétaires : le premier, de n'être point réalisable en écus à présentation; le second, de ne pas limiter invariablement l'émission de ces sortes de billets. Il est évident, par la nature des précédentes combinaisons, que le public a la double certitude de l'échange des billets contre argent, et que la Banque n'en émettra pas plus de 400 millions; tandis que rien ne garantit *matériellement,* dans les autres établissemens, de l'émission immodérée des billets et hors de toute proportion avec les fonds de réserve; c'est ainsi que l'intérêt de la Banque se subordonne, dans ce plan, à la parfaite sécurité du public.

On aperçoit que ce capital primitif de la Banque, fixé ici à 800 millions, peut être augmenté ou diminué suivant les besoins de la circulation; mais cette augmentation ou diminution devrait toujours s'opérer de manière à conserver les rapports qui existent ici entre les trois natures d'actions, celles *numéraires*, *les actions hypothécaires*, et *les actions de recours.*

La solidité d'un pareil établissement ne peut donc être révoquée en doute; il offre toute garantie dans son essence comme dans son organisation. Son utilité pour les propriétaires ne sera point équivoque; car indépendamment de ce qu'ils verront augmenter le produit de leurs immeubles sans cesser de jouir de leurs fruits, des fonds disponibles de la Banque pourraient être spécialement employés à prêter aux propriétaires, sur créance hypothécaire, à leur avancer même, sous garantie suffisante, le prix de leurs baux, et sous semblable sûreté, les contributions courantes et arriérées ; enfin, à faciliter encore avec solidité pour elle toutes les opérations qui se rapportent aux propriétés foncières.

Voici maintenant comment seraient établies les bases de la Banque :

ARTICLE PREMIER.

Il sera formé pour années une société en commandite, sous la raison de BANQUE DE FRANCE.

Ces années commenceront du jour qui sera fixé dans la première assemblée générale des actionnaires.

II. La société sera composée de 80,000 actions, de 10,000 francs chacune, toutes en nom personnel, et formant ensemble 800 millions.

III. De cette somme, moitié seulement circulera en billets au porteur, payables à vue, en numéraire, au domicile de l'établissement.

L'autre moitié existera en *numéraire*, ou en objets réalisables à volonté, en *numéraire*, et servira pour le public de garantie continuelle du paiement à vue des 400 millions de billets qui seront en émission.

Ces 800 millions seront seuls affectés aux opérations de la Banque, jusqu'à concurrence, pour chaque actionnaire, du montant de sa mise en société, sans que pour lesdites opérations il puisse être inquiété dans ses autres biens.

IV. Les actions seront de trois sortes:

1°. *Actions numéraires;*

2°. *Actions hypothécaires;*

3°. *Actions de recours.*

1°. *Des Actions numéraires.*

V. Les actions numéraires seront au nombre de 8000;

Le prix en sera payé 5000 francs en espèces, et 5000 francs en vingt billets de la caisse, souscrits par l'actionnaire, dont dix de 200 francs chacun, et dix de 300 francs aussi chacun.

Il y aura, pour ces actions numéraires, des coupons de cinquièmes d'action, ou de mille francs en numéraire, et mille francs en billets circulans.

2°. *Des Actions hypothécaires.*

VI. Les actions hypothécaires ne pourront excéder le nombre de 72,000.

Pour le prix de chacune, il sera payé 5000 francs en vingt billets de la Banque, de mêmes coupures que ci-dessus, et signés aussi de l'actionnaire. Il sera en outre souscrit par lui une obligation de 5000 francs, payable, sans intérêts, dans les trois mois du jour de l'appel de fonds qui lui sera fait, et portant hypothèque sur un immeuble au moins de 7500 francs, ou offrant une valeur libre égale à cette somme.

VII. Ces deux natures d'actions montant ensemble à 80,000, composeront seules la masse de l'association, et formeront les 800 millions.

SAVOIR :

	EN NUMERAIRE ou engagemens équivalens.	EN BILLETS circulans.
8000 actions numéraires, à 10,000 fr., moitié billets, moitié numéraire	40,000,000	40,000,000
72,000 actions hypothécaires, à 10,000 fr., moitié billets, moitié engagemens réalisables sous trois mois.	360,000,000	360,000,000
Total	400,000,000	400,000,000

Fonds total. 800,000,000

3°. *Des Actions de recours.*

VIII. Les actions de recours sont le complément des actions hypothécaires.

Les porteurs de ces actions ne sont point associés commanditaires, mais de simples prêteurs, sous la dénomination de *teneurs à disposition :* ils ne versent leurs fonds que dans les cas déterminés ci-après, et pour le tems nécessaire à la conversion en espèces de l'engagement hypothécaire.

Le nombre de ces actions sera de 72,000, et le prix de chacune d'elles de 5000 francs.

IX. En tout état, le nombre des actions numéraires ne pourra être moindre du dixième de la totalité des actions formant la masse de la société. Les actions hypothécaires ne pourront en excéder jamais les neuf dixièmes, et les actions de recours égaleront en nombre celui de ces dernières actions, et en somme le montant de leurs engagemens en numéraire. Aucun des billets souscrits pour prix de chacune des actions hypothécaires ne sera mis en circulation, que l'action de recours qui en fait le complément ne soit soumissionnée, et qu'autant encore que les actions hypothécaires n'excéderont pas neuf fois le nombre des actions numéraires dont le prix aura été payé en totalité.

X. Chaque action sera numérotée ; savoir, celles numéraires, de 1 à 8000, et celles hypothécaires, ainsi que celles de recours, de 1 à 72,000.

Ces deux dernières sortes d'actions correspondront, pour ordre seulement, les unes aux autres par leurs numéros.

Chacun des billets donnés en paiemens de prix d'action portera un numéro correspondant à l'action dont il provient, et indiquant une double série de dix billets de 300 francs, et de dix billets de 200 francs chacun.

Chaque billet sera signé individuellement par l'actionnaire, payable à vue et au porteur, en numéraire, et visé *bon à payer* à la caisse de la société, par un commissaire-contrôleur et deux administrateurs.

XI. Il ne sera délivré aucune action de recours, qu'au préalable il n'ait éte déposé à la Banque par l'actionnaire et pour chaque action, pour sûreté de l'exécution de ses engagemens, une somme de 500 francs espèces, dont l'intérêt lui sera payé comme celui des actions numéraires.

Le remboursement de cette somme et de celles qui seraient versées pour prix d'actions de recours, si le cas en arrivait, sera fait sur les fonds de la société avant la rentrée des associés dans leurs mises, lesquelles restent affectées à cet objet, comme engagemens de la société.

XII. Les 36 millions fr. provenant des dépôts de garantie des 72,000 actions de recours, à raison de 500 francs par chacune, ne seront point représentés en billets de circulation, mais seront joints aux 40 millions fr. faisant la portion payable en espèces du prix des actions numéraires, et composeront ensemble un fonds de réserve de 76 millions fr., pour le service journalier de l'échange des billets contre numéraire, sauf encore à user, au cas de besoin extraordinaire, des engagemens hypothécaires, dans les formes et de la manière qui vont être indiquées.

XIII. Les actionnaires hypothécaires ne sont appelés au paiement de l'obligation par eux souscrite pour prix de leur action, que lorsque le conseil d'administration a reconnu et prononcé la nécessité du prompt versement des fonds, pour les besoins extraordinaires des porteurs de billets.

Ils ne sont tenus à effectuer leur paiement qu'à l'expiration des trois mois du jour de l'appel à eux fait au domicile indiqué par l'obligation; mais, usant de ce délai de trois mois, les intérêts de leurs actions sont suspendus pour eux, à compter du premier jour du semestre courant.

Le non versement par l'actionnaire de ses fonds dans les vingt-quatre heures de l'appel le répute profitant du délai.

XIV. Avant cet appel, et si le conseil d'administration juge qu'il ne doive point être fait à tous les actionnaires hypothécaires, il détermine en quel nombre les actionnaires doivent être appelés, et tire de suite au sort ceux auxquels l'appel sera adressé et dans quel ordre ils viendront.

XV. Les teneurs à disposition ne sont obligés de réaliser le prix de leurs actions qu'après l'arrêté du conseil d'administration qui prononce l'appel d'espèces, qu'autant encore que les actionnaires hypothécaires profitent du délai dont ils ont droit d'user, et enfin, qu'après avoir été désignés par le sort pour l'ordre dans lequel ils doivent venir.

XVI. A cet effet, le conseil d'administration dresse, à l'expiration des vingt-quatre heures de son appel aux actionnaires hypothécaires, la liste de ceux qui n'y ont point obéi, et tire au sort ceux des teneurs à disposition qui doivent être appelés, et dont il vient de déterminer le nombre.

XVII. Mais aucun des teneurs à disposition ne reçoit d'appel que toutes les listes à faire d'actionnaires hypothécaires ne soient épuisées.

XVIII. Les uns et les autres des actionnaires hypothécaires et des teneurs à disposition, ayant à réaliser, versent leurs 5000 fr.; savoir : 2000 fr. en espèces et 3000 fr. en billets même de la caisse, mais *retirés par eux de la circulation*, et provenant des billets originairement souscrits et *déjà en émission*.

XIX. Les teneurs à disposition ont dix jours, à compter de celui de l'appel, pour faire le versement de leurs fonds. Ils peuvent ne rien réaliser dans les cinq premiers jours; mais dans chacun des cinq derniers, ils doivent verser au moins 1000 fr., et ils commencent par le versement des espèces.

Cette disposition est particulière aux teneurs à disposition, et n'est point applicable aux actionnaires hypothécaires, qui, ne versant pas leurs 5000 fr. dans les vingt-quatre heures de leur appel, sont censés user du délai auquel ils ont droit.

XX. Les tirages dont est question aux articles précédens sont faits en présence de commissaires des actionnaires hypothécaires et de commissaires des teneurs à disposition.

XXI. Le teneur à disposition qui satisfait à l'appel dans les dix jours, a droit aux mêmes intérêts que l'actionnaire hypothécaire, à compter du premier jour du semestre dans lequel il a versé.

XXII. Au contraire, le teneur à disposition, qui n'y satisfait pas, est déchu de tous ses droits.

Il perd les intérêts du semestre courant, attribués à son action de recours, et de plus les 500 francs qu'il a déposés, avec les intérêts qui y auraient été attribués pendant le même semestre. Il est de plus constitué en faillite.

XXIII. Il est formé une masse des diverses indemnités provenant du défaut de réalisation du prix des actions de recours, et cette masse est répartie, lors du paiement du semestre, par contribution au marc le franc, entre celles desdites actions de recours qui ont été réalisées.

XXIV. Le teneur à disposition qui a réalisé le prix de son action, est remboursé à l'expiration du semestre qui suit celui dans lequel il a fait son versement. Ses intérêts d'action hypothécaire cessent alors, et il redevient un simple actionnaire de recours, comme auparavant.

XXV. L'actionnaire hypothécaire qui a profité du délai de son acte pour ne pas verser le prix de son action au moment de l'appel, peut toujours, avant l'expiration du délai, faire son versement. Il rentre, à compter d'icelui, dans ses droits, et participe au partage de l'intérêt; ses fonds sont employés à rembourser une des actions de recours qui a réalisé ses valeurs, action déterminée, comme ci-dessus, par la voie du sort.

XXVI. Les besoins accidentels d'espèces ayant été satisfaits et ne se faisant plus sentir, le conseil d'administration, en vertu d'un arrêté qu'il prend, reverse à ses actionnaires hypothécaires et à ses teneurs à disposition les valeurs qu'elle en a reçues, et reste vis-à-vis d'eux avec les mêmes titres et droits qu'elle avait avant l'appel qu'elle leur a fait.

XXVII. Mais l'actionnaire hypothécaire qui n'a point réalisé le prix de son action après l'expiration du délai de trois mois, dont il avait droit d'user, et qui s'est laissé poursuivre pour le versement de ses fonds par les voies judiciaires, est déchu de l'avantage de ce reversement entre ses mains, et ses fonds restent en caisse jusqu'à la dissolution de la société, sans qu'il ait cependant droit de prétendre les mêmes intérêts que ceux des actions numéraires.

XXVIII. Les actionnaires hypothétaires qui ont versé par événement leur prix, ne peuvent pas pour cela prétendre de plus forts intérêts que ceux attribués aux actions hypothécaires, quel que soit le tems pendant lequel leurs fonds restent à la disposition de la caisse.

XXIX. Les intérêts ou dividendes des différentes natures d'actions sont dans les rapports qui suivent :

La masse du bénéfice net, déduction faite des frais nécessaires, est divisée en cent parties égales.

10 de ces parties reviennent pour dividende, aux 8000 actions numéraires.	10 centièmes.
54 de ces mêmes parties reviennent aux 72,000 actions hypothécaires, ci . .	54
27 de ces mêmes parties reviennent aux 72,000 actions de recours, ci . . .	27
Et 9 parties, enfin, reviennent pour intérêt aux 36,000,000 versés à titre de dépôt, par les 72,000 actions de recours, à raison de 500 fr. par chacune d'elles, ci	9
Total	100 centièmes.

Ces intérêts, à l'égard des actions hypothécaires et de recours, leur sont attribués par le seul fait des engagemens des actionnaires avant qu'ils n'aient réalisé aucune valeur, et quand même il n'y aurait-pas lieu à en réaliser par eux, pendant tout le cours de la société; mais sans préjudice du droit pour les teneurs à disposition de prétendre les intérêts hypothécaires dans le cas de leur versement, ainsi qu'il est expliqué en l'article XXI.

XXX. Si la totalité des actions hypothécaires et de recours n'était pas remplie, les dividendes qui seraient revenus aux actions manquantes de ces deux espèces, devraient être répartis entre les trois natures d'actions, d'après les proportions ci-dessus, de manière que l'intérêt de l'action hypothécaire ne fût jamais que les trois cinquièmes de l'intérêt de l'action numéraire, et que l'intérêt de l'action de recours ne fût que les trois dixièmes de ce même intérêt d'action numéraire.

A l'égard de l'intérêt de chaque dépôt de garantie, il sera toujours le dixième de l'intérêt de l'action numéraire.

CHAPITRE XXXIV.

Des Avantages que présenterait la Banque de France, instituée comme nous le proposons.

Ces avantages seraient

Que la Banque remplirait vraiment son titre de Banque de France, qu'elle ne servirait plus Paris tout seul, mais deviendrait utile à la France tout entière ; qu'elle ne ferait plus seulement la partie (qu'on nous passe l'expression) des spéculateurs sur les denrées et des joueurs à la Bourse, mais qu'elle aiderait *les producteurs* de toute espèce et les propriétaires fonciers ; qu'elle ajouterait au revenu de la propriété un nouveau revenu tiré de son crédit, et augmenterait par là la valeur vénale de la propriété ; qu'elle lierait d'intérêt et de besoin le propriétaire et le possesseur d'argent, le producteur et le spéculateur qui, dans l'état actuel des choses, sont divisés d'intérêts, et que la politique et la morale doivent chercher à rapprocher.

Ces avantages seraient encore qu'avec 70 millions en numéraire, la Banque pourrait faire circuler pour 400 millions de billets, c'est-à-dire plus de cinq fois la somme de son numéraire, tandis qu'aujourd'hui elle ne pourrait pas mettre en circulation 100 millions, sans avoir 50 ou 60 millions, peut-être plus, toujours en réserve dans ses caisses, pour parer aux demandes d'échange.

Ces avantages seraient que la Banque présenterait à ses actionnaires des bénéfices considérables, qui ne coûteraient à ceux qu'elle aiderait que le taux courant de l'intérêt ; avantages qui appelleraient nécessairement le capitaliste, et tiendraient un emploi de fonds toujours ouvert à ceux qui veulent avoir leur fortune en portefeuille. Nous ne craignons pas de dire que ces bénéfices seraient tels, en combinant d'une certaine manière les actions numéraires avec les actions hypothécaires et les actions de recours, que la somme versée réellement par un capitaliste dans la Banque lui produirait plus de 25 pour 100, la Banque escomptant cependant à l'intérêt du commerce de 6 pour 100 l'an. Nous ne pouvons entrer ici dans ces détails que nous donnerons quand il en sera tems, mais que tout le monde peut d'avance calculer aussi bien que nous sur notre plan.

De pareils intérêts équivaudraient (s'ils n'étaient même supérieurs) à ceux qu'un spéculateur honnête retire de ses fonds à la Bourse; mais ils ne seraient point pris aux dépens de la prospérité publique; loin de lui nuire comme fait actuellement le spéculateur sur les rentes, l'actionnaire de la Banque entretiendrait par ses capitaux la prospérité générale, l'augmenterait, et il n'aurait ni regrets, ni remords, ni crainte d'en voir infailliblement tarir la source d'une manière très-fâcheuse pour lui-même.

Enfin, ces avantages seraient que le Gouvernement pourrait s'intéresser dans la Banque, en prenant des actions hypothécaires qui ne lui coûteraient aucune mise de fonds en numéraire, mais seulement l'engagement de biens : si les bons d'état étant rentrés par la vente d'une partie des forêts et des biens des communes, il lui restait de ces biens ou de ces forêts suffisamment pour prendre 25 mille actions hypothécaires, il retirerait pour fruit de son simple engagement (qui ne peut présenter aucun danger); il retirerait, disons-nous, la Banque escomptant à 6 pour cent, de 4 à 5 millions par an, qui pourraient faire un fonds annuel d'amortissement pour le rachat de la dette publique.

Dans tous les cas, que le Gouvernement s'intéresse ou non dans la Banque, il aurait le droit, en lui accordant un privilége pour 15 ou 20 ans, de lui demander annuellement une remise sur ses bénéfices de 5 à 6 millions, qui seraient employés de même à éteindre les rentes du grand-livre par la voie de l'amortissement. La Banque pourrait consentir facilement à ce sacrifice; il lui suffirait de réduire à 2 p. 100 l'intérêt des actions hypothécaires qui, dans notre projet, est de trois et six dixièmes, et de réduire à 1 p. 100 l'intérêt des actions de recours, lequel est de 1 et huit dixièmes. Les avantages pour les actionnaires resteraient encore très-considérables après ce sacrifice, qui serait le prix du privilége accordé.

CHAPITRE XXXV.

Des Moyens de faire prospérer l'Agriculture.

Nous avons établi, au ch. VIII, que la prospérité de la France devait être essentiellement fondée sur son agriculture.

Le meilleur moyen serait *d'encourager la multiplication de toutes les espèces de productions par la circulation la plus libre et la plus illimitée.*

Mais nous sommes trop loin de ces principes, pour espérer qu'ils soient adoptés de sitôt; cela ne pourra être que quand les idées générales auront été redressées sur les questions qui touchent à la matière des subsistances; et par malheur ce n'est pas seulement le peuple qu'il faut éclairer, c'est une partie de nos administrateurs mêmes, qui n'ont pas suffisamment étudié la matière; le redressement des idées sera l'ouvrage du tems, et arrivera d'autant plus tôt que le Gouvernement mettra plus d'importance à trouver dans ses agens une instruction réelle et solide (1).

Nous avions pensé à proposer, en attendant, un établissement dont le but aurait été, tout en disposant les peuples à la raison, de produire une partie des heureux effets qu'éprouverait l'agriculture par la liberté illimitée de l'exportation de ses produits : mais, dans les circonstances actuelles, il serait hors de saison de traiter une matière aussi délicate.

Nous supprimons donc toute cette partie de notre travail, et nous resterons en retard de remplir celle de nos promesses qui concerne l'assurance *de la subsistance des peuples au prix le plus convenable à l'intérêt de tous.* Notre lecteur voudra bien s'en prendre moins à nous qu'aux circonstances.

Nous nous bornerons à indiquer l'adoption des mesures suivantes :

1°. L'abolition du monopole du tabac. Le Gouvernement, en établissant ce monopole, a plus fait perdre que gagner au fisc ; et l'agriculture de plusieurs de nos provinces les plus importantes en a ressenti un préjudice consi-

(1) Voir la circulaire de M. le sous-secrétaire-d'état au département de l'intérieur à MM. les préfets, en date du 4 novembre 1816, dans laquelle il se plaint que des administrateurs aient mis des obstacles à la liberté des transactions relatives aux subsistances, et à la circulation des grains.

dérable. Le fisc et les citoyens se trouveront également bien de l'abolition du monopole. Les manufactures et le commerce du tabac doivent être encouragés ; il n'y aura jamais trop de ces manufactures ; leur grand nombre réduira le prix du tabac au plus bas possible pour le consommateur. C'est à cela que doit tendre le Gouvernement. L'intérêt du trésor viendra ensuite, et trouvera toujours bien à se satisfaire.

2°. La plus grande liberté d'exportation et d'importation, tant de nos bêtes à laine fine, brebis et beliers, que de leurs laines. Les lois rendues sur cette matière doivent être rapportées ; elles ne soutiendraient pas devant la raison un quart d'heure d'examen : ce sont des lois faites contre l'intérêt général et contre toute justice, dans l'intérêt seulement d'un très-petit nombre de personnes : elles ont fait perdre des sommes considérables à la France, ont ruiné beaucoup de propriétaires, et porté par-là un grand coup à l'agriculture ; car elle ne fleurira bien, en France, que quand les propriétaires donneront aux cultivateurs l'exemple de la bonne culture. On a défendu l'exportation des brebis mérinos, principalement sur cette considération que l'étranger nous les enlèverait toutes, jusqu'à la dernière, si l'exportation était permise. L'étranger est venu, et pouvait nous les prendre ; à peine en a-t-il acheté quelques-unes : qu'on juge par-là des autres motifs de la loi.

3°. Le rappel à son institution primitive de l'établissement de la foire aux laines, de Paris, qui a été détourné de sa destination, et converti en un monopole de lavage des laines également préjudiciable aux propriétaires de mérinos, aux laveurs de laines et aux commerçans, monopole souverainement injuste, et qui pourtant n'a donné jusqu'à présent, et ne donnera jamais que de la perte à l'autorité qui se l'est attribué, sans vouloir entendre aucune réclamation.

4°. Fondation de fermes expérimentales sur plusieurs points de la France. Elles seraient destinées à établir les principes théoriques de l'agriculture, à chercher dans chaque province le meilleur système d'assolement, pour arriver, partout où il sera possible, à la suppression des jachères, à donner le modèle des bonnes pratiques de culture, à répandre, enfin, par toute la France la science agricole.

5°. Création d'une grande voierie rurale, à la tête de laquelle il conviendrait que fût placé un homme distingué par sa naissance, sa fortune, son crédit, et son amour pour l'agriculture. Chargé en chef de tout ce qui y a rapport, il serait le protecteur des habitans des campagnes ; il défendrait leurs légitimes droits, représenterait leurs besoins, et ferait valoir leurs réclamations. Ses agens, pris sur-tout parmi les cultivateurs ou les membres des sociétés d'agriculture, le tiendraient au courant, par des tournées continuelles, de l'état des campagnes sous tous les rapports ; lui-même les visiterait, et répandrait les encouragemens nécessaires, soit en argent, soit en marques distinctives.

Les attributions du grand-voyer rural seraient prises sur celles du ministre de l'intérieur, qui sont trop considérables, et souvent incompatibles entr'elles. Quel que soit le zèle d'un ministre de l'intérieur, il ne peut jamais être bien secondé en matière d'agriculture, ni par des préfets ou des sous-préfets, auxquels il faut apprendre qu'ils doivent laisser circuler les grains dans l'intérieur du royaume, ni par les employés de son administration, fort instruits, sans doute, dans tout ce qui concerne la marche des bureaux, mais trop étrangers aux opérations rurales, trop absolus dans leur volonté, et trop imbus des préjugés de la ville, pour comprendre jamais que leur devoir est de défendre les intérêts des campagnes.

Veut-on une preuve que le ministère de l'intérieur ne fait pas pour les cultivateurs ce qu'il devrait faire, la voici :

Tout le monde convient qu'il est contre la raison et l'intérêt général d'exiger que la contribution foncière, qui représente une portion du revenu de la terre, soit payée pour les biens ruraux une année d'avance, puisqu'alors c'est prendre la contribution, non pas sur le revenu, mais sur le capital destiné à la culture ; mais il est bien autrement déraisonnable de forcer les fermiers à faire, pour leurs propriétaires, l'avance de cette contribution, mois par mois, sans égard aux termes de leurs paiemens : et qui est-ce qui devait réclamer à cet égard en faveur des fermiers ou plutôt de l'agriculture, si ce n'est le ministre chargé de la défendre et de la protéger ? Eh bien ! cependant, depuis plusieurs années que la chose se pratique, au grand détriment des campagnes, aucun ministre de l'intérieur n'a pensé à réclamer, pour faire sentir tout l'odieux, toute l'injustice d'une pareille mesure, et combien elle est préjudiciable et onéreuse aux cultivateurs.

Nous avons entendu dire plusieurs fois, à des personnes de mérite, qu'il fallait laisser aller l'agriculture toute seule, et ne pas s'en mêler: elles ont raison; mais ce n'est pas la laisser aller que de ne pas lui permettre de disposer librement de ses produits. Toutes les mesures d'administration et de finance influent plus ou moins directement sur l'agriculture; on y touche à chaque chose qu'on fait, à chaque impôt qu'on met, à chaque prohibition d'importation ou d'exportation qu'on décrète. Le ministre des finances y a touché, quand il a arrêté, par mesure administrative, que le trésor bonifierait des intérêts à ceux des receveurs-généraux qui anticiperaient le paiement de leurs obligations. Il leur a donné là une prime d'encouragement pour vexer les campagnes, et les obliger à des paiemens rapprochés, que le cultivateur ne peut faire qu'en vendant mal ses produits, et en dérangeant, pour parvenir à une mauvaise vente, ses chevaux et ses charretiers de labours, de hersages, ou d'autres travaux qui pressent. S'il y avait eu dans les conseils du prince des hommes connaissant vraiment les opérations de l'agriculture, l'esprit et les habitudes des cultivateurs, une simple observation de leur part aurait prévenu de grandes fautes. Le moindre bien qu'ils eussent fait eût été d'empêcher que la France ne mangeât, par une anticipation déguisée, le revenu d'une année de la contribution foncière ; car on paye depuis onze mois 1816, qui ne devrait vraiment commencer à se payer qu'en janvier 1817. C'est une somme considérable qui nous fait bien faute aujourd'hui.

Il y a bien à la vérité des sociétés d'agriculture créées dans l'intérêt spécial de ce premier des arts ; mais elles ne sont jamais consultées sur les choses d'administration. Composées de cultivateurs expérimentés, et d'hommes fort instruits dans la science agricole et dans les autres sciences naturelles, elles répandent les lumières, et enseignent la pratique des bonnes méthodes ; mais elles n'ont pas osé voir encore que l'administration avait besoin d'être éclairée, et que ses erreurs étaient plus préjudiciables que celles des cultivateurs. Elles poussent à la suppression des jachères, mais elles la prêcheront toujours vainement, tant qu'elles n'auront pas le courage de dire au Gouvernement que ce sont les capitaux qui manquent aux cultivateurs, pour faire toutes les améliorations dont l'agriculture française est susceptible, et arriver ainsi à la suppression désirée des jachères. « Fréderic II, dit » l'auteur de la *Monarchie prussienne*, peu » satisfait de la manière chétive dont la no- » blesse poméranienne et celle de la Nouvelle-

» Marche cultivaient leurs terres (ce grand » Roi ne savait pas qu'une mauvaise culture » n'est jamais la faute du cultivateur), il s'en » plaignit à Brenkenhoff: celui-ci lui repré» senta que la pauvreté, les dettes, le man» que de crédit des propriétaires les empê» chaient de les mieux cultiver. Le roi leur » donna des capitaux sans ou à très-modique » intérêt. »

4°. Et enfin nous demanderons que l'agriculture soit considérée comme la première des manufactures; et que, dorénavant, les chambres de commerce et manufactures soient composées ainsi qu'il suit : Un quart des membres pris parmi les cultivateurs, un quart parmi les autres manufacturiers, un quart parmi les commerçans proprement dits, et un quart parmi les personnes distinguées par leurs connaissances en économie politique.

L'adoption de ces mesures porterait au plus haut point la prospérité de l'agriculture française. Elles ne blesseraient en rien la justice, et elles seraient dans les intérêts bien entendus de toutes les classes de la société; car il leur importe vraiment à toutes que l'agriculture fleurisse.

CHAPITRE XXXVI.

Résumé général.

ARRIVÉS à la fin de notre ouvrage, nous avons à le résumer.

La raison est la suprême loi de l'homme en société; le gouvernement qui la repousse par système se déclare l'ennemi de l'ordre social, et de sa propre autorité; il invite à la méconnaître, et finit par succomber.

La raison est toujours conséquente avec elle-même;

Ce qui implique ne peut être raisonnable;

Ce qui serait fait contradictoirement à la Charte impliquerait.

La France ne peut plus vivre que sous la Charte que le Roi lui a donnée, que sollicitait le vœu général des peuples, que réclamait l'état actuel des lumières. Vouloir revenir à l'ancien ordre de choses, ce serait vouloir amener des troubles interminables: les esprits ne s'accorderaient jamais sur l'époque où il faudrait se reporter; c'est la Charte qu'il faut exécuter; c'est à son exécution que tient le salut de la France.

Sous l'ancienne monarchie, le prince était

l'Etat, comme le disait Louis XIV; les biens de ses sujets lui appartenaient, comme le décidait la Sorbonne; et il en pouvait disposer sans qu'aucun eût droit de se plaindre. Tout était bien, pourvu que les choses fussent dans l'intérêt du prince; il n'y en avait pas d'autre, tout devait se rapporter à lui.

Sous la Charte, tout doit se rapporter à l'intérêt général; c'est dans leur intérêt que les peuples doivent être gouvernés. Le Roi n'est pas l'Etat, il est dans l'Etat, il en est le chef. Son intérêt doit toujours se puiser dans celui de ses peuples.

La France passant d'un gouvernement absolu à un gouvernement constitutionnel, il faut liquider ses dettes, parce qu'elle entre, avec la Charte, dans une nouvelle vie, dont les principes ne doivent pas être altérés par d'autres principes qui ne s'y rapporteraient pas; parce que la nécessité de consacrer la justice, d'assurer la tranquillité publique, la prospérité de la France, la stabilité du trône, la gloire du règne, veulent que le Roi ne reçoive la France que dégagée de ses immenses dettes: elles rappelleraient trop d'erreurs, de fautes, d'abus, de torts dont chacun doit désirer l'oubli. Elles rengageraient trop dans le labyrinthe des maux qui ont été soufferts.

La Charte commande impérativement cette liquidation. L'article 70, qui déclare inviolable tous les engagemens de l'Etat, ne peut s'entendre autrement. Il ne veut pas de simples promesses de paiement, mais des paiemens effectifs ; non pas que la France change le nom de ses créanciers, mais qu'elle se libère ; non pas que ses engagemens actuels soient respectés ; mais qu'à l'avenir tous ses engagemens soient inviolables, qu'à l'avenir il n'y ait plus chez elle de ces banqueroutes publiques qui l'ont si souvent déshonorée, qui ruinent les peuples, et les plongent dans la misère et le désespoir.

Ainsi, ce n'est pas un simple budget qu'il faut faire,

C'est un plan général de liquidation et un nouveau système de finances ;

Un système qui ait en vue l'intérêt des peuples, pour but leur bonheur, qui les ménage, qui leur laisse des moyens de travail ; car, sans travail point de richesses ; un système donc où l'impôt qu'on leur demande n'excède pas leurs facultés, *leur puissance de payer.*

Il faut considérer aujourd'hui la misère profonde des peuples, la pénurie générale d'argent, l'effet que produira la disparition presque totale de notre numéraire par les paiemens à faire à l'étranger, l'exiguité du revenu actuel de la France.

La faiblesse de ce revenu, la misère des peuples; la pénurie d'argent interdisent de demander d'ici à plusieurs années au-delà de 600 millions d'impôts annuels, frais compris. La France n'a pas plus de 1200 millions de revenu net, outre 7 à 800 millions qui reviennent aux agens de la culture, et sont le prix de leur travail, sont les seuls moyens d'existence de 18 à 20 millions de Français. Ce qu'on demande d'impôts aujourd'hui représenterait, avec les frais et l'impôt de la garde nationale, plus de 1200 millions, et nul espoir de voir jamais diminuer ces impôts, et les charges de la France seraient augmentées encore tous les ans de 30 ou 40 millions de rentes, et justice ne serait pas rendue à la classe des cultivateurs!

Six cent millions ne peuvent pas suffire à nos charges actuelles.

Il sera pourvu à l'excédant des besoins par les moyens extraordinaires que fournira la liquidation générale.

Cette liquidation mettra un terme à la misère des peuples; elle leur reversera des capitaux, et leur donnera par-là les moyens de travail dont ils sont privés. Elle sera l'heureuse application des principes de justice générale qui font l'essence de la Charte, et elle en montrera tout le prix. En indemnisant les campagnes des pillages et des réquisitions de 1814 et 1815, elle empêchera que la misère de leurs habitans, qui affecte déjà les propriétaires, ne rejaillisse sur les autres classes de la société. Elle relèvera la propriété foncière, elle donnera l'assurance que les droits de tous seront désormais respectés, et que les campagnes cesseront d'être sacrifiées aux villes. Elle fournira à l'étranger la preuve de nos moyens de le payer en totalité, et par-là même les facilitera, assurera par-là notre tranquillité tant au-dehors qu'au-dedans; enfin elle appliquera, à tems, un remède indispensable à trouver, pour parer aux graves inconvéniens qui résulteraient inévitablement de la disparition presque totale de notre numéraire.

La liquidation générale s'opérera au moyen de la vente des forêts. Elles sont le gage des créanciers de l'Etat, elles leur appartiennent; elles doivent leur être abandonnées, puisque la France n'a pas d'autre moyen de se libérer, puisque les payer en rentes ne serait que promettre de les payer, serait violer la Charte, serait charger la France de dettes énormes qu'elle ne pourrait supporter, et qui amèneraient, sous peu d'années, une banqueroute générale et à sa suite les plus terribles catastrophes.

Mais la France ayant à se libérer avec ses forêts, ne doit pas les donner au vil prix auquel la rareté actuelle du numéraire les a fait tomber. Il est juste qu'elle les relève auparavant à leur prix naturel : elle les y relèvera par un signe de circulation qui suppléera le numéraire dont elle est privée; elle les relèvera par les bons d'état dont nous proposons la création, et qui seront reçus en paiement du prix des forêts concurremment avec le numéraire. Ces bons d'état ne seront point un papier-monnaie, ce seront des titres d'une propriété foncière, bien réelle, dont le porteur aura la saisine, dont il obtiendra la délivrance à sa volonté ; ce seront des immeubles circulans (en quelque sorte) : ils n'excéderont point la valeur de ces forêts, ils ne remplaceront que la somme de numéraire que nous sommes obligés de faire sortir de France, sans retour. Ils ne feront circuler qu'une très-petite portion des propriétés foncières du pays ; ils ne les feront circuler que pour un tems très-court et pour d'indispensables nécessités ; enfin, ils ne pourront pas dépasser la somme déterminée ; il en est donné une GARANTIE MATÉRIELLE : il y est créé des obstacles qu'aucune puissance humaine ne peut surmonter.

La juste récompense que la France trouvera dans la vente de ses forêts, d'après le mode proposé, qu'elle trouvera dans ce grand acte de libération, de loyauté, de bonne foi, de justice, d'obéissance à la Charte, de soumission à la raison; cette récompense sera (les choses vues sous le seul intérêt pécuniaire) que la France se libérera avec le quart de ce qui lui en coûterait en voulant se libérer à l'aide de créations de rentes, si toutefois il était possible qu'elle pût jamais se libérer de cette manière.

Mais, combien plus encore ne gagnera-t-elle pas, sous le rapport de la prospérité publique et sous celui de la morale?

C'est le faux système de Colbert qui a produit le malheur des peuples, qui a renversé l'ordre naturel, et a vicié la révolution. Elle se fût faite, elle se faisait, dès avant 1789, par le progrès des lumières, mais le bien seul en fût sorti; elle doit au système de Colbert toutes ses erreurs et tous ses crimes.

Nous abandonnerons ce système, et nous en reviendrons à celui de Sully, dont les résultats furent si heureux, en encourageant l'agriculture comme il le voulait, comme il commença à le faire. Nous cesserons de la sacrifier aux manufactures citadines, et de la tenir dans la dépendance des spéculateurs sur les denrées; nous n'étoufferons plus ses réclamations; nous reconnaîtrons que la première, la plus utile de toutes les manufactures a des droits non moins sacrés que les manufactures secondaires qui, sans elle, ne pourraient subsister, qui ne doivent donc pas s'enrichir de sa misère.

Nous détruirons l'agiotage, cet enfant monstrueux, né du système de Colbert, qui s'est substitué à lui, qui a étouffé, au nom du crédit public, le commerce et les manufactures, comme ils avaient étouffé, au nom de la prospérité et de l'industrie française, la véritable prospérité de la France et son industrie la plus essentielle. C'est alors que la propriété foncière cessera d'être une charge, que l'amour du travail et de l'économie renaîtra, que l'on attachera du prix aux gains honnêtes et licites, et que les capitaux, ne s'usant plus à se frotter infructueusement les uns contre les autres, mais se répandant dans les différens canaux de l'industrie, l'agriculture, le commerce, les arts, toutes les manufactures recommenceront à prospérer et à produire pour la France les véritables richesses, à répandre dans toutes les classes l'aisance et le bonheur.

Enfin, nous ferons d'un établissement qui a

été nuisible à la France, et est devenu sous Buonaparte un moyen de dilapidation de la fortune publique, qui peut être de nouveau dangereux, qui est réellement funeste encore, en ce qu'il sert l'agiotage, nous ferons de la Banque de France, au moyen des bases solides que nous lui donnerons, l'établissement le plus utile, le plus vaste, le plus avantageux qui ait jamais existé en ce genre. Il pourra désormais justifier son titre, mériter et obtenir la confiance publique dans toute l'étendue de la France. Il ne tiendra plus le producteur dans la dépendance du spéculateur, et le propriétaire foncier dans celle du possesseur d'argent. Il convertira leur inimitié secrète en amitié nécessaire, et les liera d'intérêt et de besoin. Il présentera un emploi aussi assuré qu'utile aux fortunes de portefeuille. Il donnera de nouveaux produits à la propriété foncière, et en augmentera la valeur vénale. Il présentera à la France des revenus inattendus qui, loin de rien coûter aux peuples, attesteront les services qu'il leur rend, le bien qu'il leur fait, et qui seront pour elle de réels et raisonnables moyens d'amortissement de la dette publique.

Toutes ces choses seraient-elles si difficiles, si pénibles à exécuter? Elles le seraient sans doute, elles seraient même impossibles dans un gouvernement absolu, parce qu'elles blesseraient trop d'intérêts particuliers; mais la France vit sous l'empire de la Charte, qui ne reconnaît que l'intérêt général. Le Roi, qui a eu le pouvoir de donner la Charte, a bien plus encore le pouvoir de la faire exécuter. Il veut qu'elle le soit; il a promis, il a fait jurer qu'elle le serait. Le descendant de saint Louis sait que la parole des rois est sacrée; il aime, comme lui, la justice et la vérité; il veut, comme lui, le bonheur de ses peuples. « Mon fils, disait » saint Louis, au lit de la mort, au prince » qui devait lui succéder; mon fils, aime la » vérité, sois toujours pour elle, contre toi; » rends tes sujets heureux; tes jours seront » purs et sereins: plus tes provinces seront » florissantes, plus tes ennemis craindront de » t'attaquer. »

FIN.

TABLE

DES MATIÈRES.

FIN DE LA TABLE.

www.ingramcontent.com/pod-product-compliance
Ingram Content Group UK Ltd.
Pitfield, Milton Keynes, MK11 3LW, UK
UKHW020106200726
13856UKWH00002B/413